NOTIONS
DE
GÉOGRAPHIE DE L'ALGÉRIE

A L'USAGE DES ÉCOLES PRIMAIRES

LEÇONS - LECTURES - EXERCICES ORAUX OU ÉCRITS

PAR

JULES RENARD

> Commencer par ce qui nous touche de plus près et nous est le plus facile à connaître, pour passer ensuite aux choses plus difficiles ou plus éloignées.
>
> C. JEANMAIRE.

Ouvrage publié sous le patronage du Conseil général et de la Société de géographie d'Oran

ORAN
LIBRAIRIE PAUL PERRIER
15, BOULEVARD OUDINOT, 15

1892

LK 8
1658

A mon cher et excellent collègue Castéran.
Hommage affectueux de son tout dévoué
Jules Renard

Oran, le 20 juin 1892 —

NOTIONS
DE
GÉOGRAPHIE DE L'ALGÉRIE

NOTIONS
DE
GÉOGRAPHIE DE L'ALGÉRIE

A L'USAGE DES ÉCOLES PRIMAIRES

LEÇONS - LECTURES - EXERCICES ORAUX OU ÉCRITS

PAR

JULES RENARD

> Commencer par ce qui nous touche de plus près et nous est le plus facile à connaître, pour passer ensuite aux choses plus difficiles ou plus éloignées.
>
> C. JEANMAIRE.

Ouvrage publié sous le patronage du Conseil général et de la Société de géographie d'Oran

ORAN
LIBRAIRIE PAUL PERRIER
15, BOULEVARD OUDINOT, 15
—
1892

A

M. Th. MONBRUN

président de la Société de géographie et d'archéologie
de la province d'Oran

Cher concitoyen et ami,

A la Société dont vous êtes depuis de longues années le président dévoué, on s'occupe surtout de faire connaître notre chère Algérie aux grandes personnes.

Sous votre patronage, qui ne m'a jamais fait défaut, j'ai entrepris la tâche plus modeste de la faire connaître aux enfants.

Pardonnez-moi donc de vous dédier ces Notions de géographie algérienne *destinées aux élèves de diverse race qui peuplent nos écoles primaires.*

Leurs maîtres et leurs maîtresses les enveloppent dans un même sentiment de sollicitude ; puisse ce petit livre contribuer à faire naître en eux un même sentiment d'amour pour la France.

Votre très affectueux et très reconnaissant,

Jules RENARD.

Oran, 1er mai 1892.

PRÉFACE

Oran, le 2 mai 1892.

Mon cher ami,

Laissez-moi reporter à la Société de géographie d'Oran l'honneur que vous me faites en me dédiant votre **Géographie de l'Algérie à l'usage des écoles primaires**. C'est, en effet, à son œuvre de vulgarisation que vous vous associez de la façon la plus pratique, puisque votre livre place entre les mains de nos jeunes enfants une excellente méthode d'enseignement de la géographie d'un pays que nous devons connaître autant que nous l'aimons.

Je souhaite à ce livre un plein succès. Ce succès est assuré, d'ailleurs, parce qu'un pareil ouvrage s'impose ; parce que, dans sa forme concise, il dit et il apprend tout ce qu'il faut apprendre à l'école et même tout ce qu'on doit retenir en dehors de l'école dans un temps où, conduits à toute vapeur presque de La Calle à Nemours, il nous est essentiel d'avoir un guide comme le vôtre, présentant le double avantage d'être à la fois court et complet.

Avec votre **Géographie**, on pourra maintenant, ainsi que le prescrit M. le recteur de l'académie d'Alger, dans une circulaire récente (1), **commencer par ce qui nous touche de plus près et nous est le plus facile à connaître, pour passer ensuite aux choses plus difficiles ou plus éloignées.**

Vos excellents collègues des écoles primaires s'appliquent déjà, je le sais, à cette tâche, et l'on ne saurait trop les en féliciter ; mais il était bon de réunir dans un petit manuel les notions de la géographie algérienne.

Votre nouvel ouvrage, mon cher ami, complète l'œuvre que vous avez entreprise en 1884 lorsque vous avez publié l'**Histoire de l'Algérie racontée aux petits enfants** (2). J'ai eu la

---

(1) 5 mars 1892.
(2) 1 volume petit in-18, cartonné, 1 fr. — Alger, Adolphe Jourdan.

bonne fortune, alors comme aujourd'hui, d'encourager vos efforts, et je m'en réjouis, car, à une génération qui a grandi, vous avez fait connaître comment on a conquis ce pays, comment il est devenu la plus belle des colonies.

Dans vos **Étapes d'un petit Algérien** (1), répandues aujourd'hui en France autant qu'en Algérie, vous avez ensuite plus particulièrement conduit les élèves de nos écoles dans la province d'Oran. Vous achevez maintenant de remplir le programme que vous traçait en quelque sorte le regretté Paul Bert lorsque, dans la préface de votre **Histoire de l'Algérie**, il vous écrivait :

« Tel élève qui saura sur le bout du doigt tous les affluents de la Loire et récitera sans erreurs les sous-préfectures, croira volontiers que les palmiers des oasis sahariennes se dressent sur les bords de la Méditerranée, et restera muet si on l'interroge sur le Tell ou les Hauts-Plateaux, sur les Arabes ou les Kabyles. Malgré la facilité des communications, malgré la lecture des journaux, malgré les récits des voyageurs, des fonctionnaires, des officiers, on ne rencontre que fort peu de personnes ayant des notions claires et précises sur les diverses races indigènes, sur leur état social, leurs mœurs, leurs rapports avec les Européens, sur l'état actuel de la colonisation, le rôle des Français et des étrangers, les administrations civiles et militaires, les richesses agricoles, sylvestres, minières de cet admirable pays. »

Grâce à vous, la lacune va se combler, et si ce programme ne peut être entièrement développé dans un livre élémentaire, au moins nos petits Algériens apprendront de leur pays ce qu'ils doivent en connaître.

Vous aurez ainsi rendu un nouveau et réel service à nos enfants, l'espoir de l'Algérie parfois si méconnue.

Aussi, au nom de la Société de géographie d'Oran et au mien, je vous réitère mes plus sincères félicitations.

Bien cordialement à vous.

Th. MONBRUN.

---

(1) 1 volume in-8, cartonnage fort, genre maroquin, plats et tranches dorés, 1 fr. 50. — Paris, Hachette.

NOTIONS

DE

GÉOGRAPHIE DE L'ALGÉRIE

LEÇON I

Position, limites, étendue

1. L'**Algérie** est la plus grande et la plus belle des colonies françaises.

2. Elle est située au nord-ouest de l'**Afrique,** dans cet immense continent trois fois plus étendu que l'Europe, mais beaucoup moins civilisé. Elle fait face à l'**Espagne,** à la **France,** à l'**Italie,** aux **Baléares,** à la **Corse,** à la **Sardaigne** et à la **Sicile.**

3. La seule frontière naturelle de l'Algérie est la **Méditerranée,** au nord. Au sud, l'Algérie s'étend jusqu'au plateau d'**El-Goléa** et se perd dans le **Sahara,** sans limite fixe. Elle est bornée à l'est par la **Tunisie** (1), qui est maintenant sous le protectorat de la France, et à l'ouest par l'empire du **Maroc** (2).

---

(1) Capitale **Tunis.**
(2) Capitale **Fez.**

4. L'**Algérie**, la **Tunisie** et le **Maroc** forment une grande région qui s'étend de l'océan **Atlantique** au golfe de **Gabès**, et que les Arabes appellent le **Moghreb**, c'est-à-dire le *Couchant*.

5. En admettant comme limite méridionale El-Goléa, on peut évaluer la superficie de l'Algérie à **67 millions d'hectares,** soit 14 millions d'hectares de plus que celle de la France actuelle.

6. La France a mis dix-sept ans à conquérir l'Algérie.

7. L'Algérie forme aujourd'hui trois départements qui sont, de l'ouest à l'est : les départements d'**Oran, d'Alger** et de **Constantine.**

8. La distance entre la France et l'Algérie est d'environ **deux cents lieues** (190 lieues d'Alger à Marseille, 165 lieues d'Alger à Port-Vendres).

LECTURE

Il ne faut pas oublier que si nous avons conquis l'Algérie, si nous avons dépensé pour cette conquête, presque sans compter, et l'argent et le sang ; si les riches vallées fertilisées par nos travaux sont engraissées des corps de nos premiers colons, tombés en assainissant le sol, comme les têtes des colonnes d'assaut tombent en comblant les fossés, tous ces sacrifices qu'on a demandés à la France, c'est dans l'intérêt de la France, dans cet intérêt seul qu'on a pu les exiger et les obtenir.

Or, par fortune heureuse, il se trouve, quand on y regarde de près, que *l'intérêt de la France et celui de la population indigène coïncident et peuvent recevoir simultanément satisfaction.*

Il faut qu'on sache bien que *nous ne sommes pas les ennemis de la population indigène,* que nous voulons améliorer son bien-être, son développement intellectuel, sa situation morale.

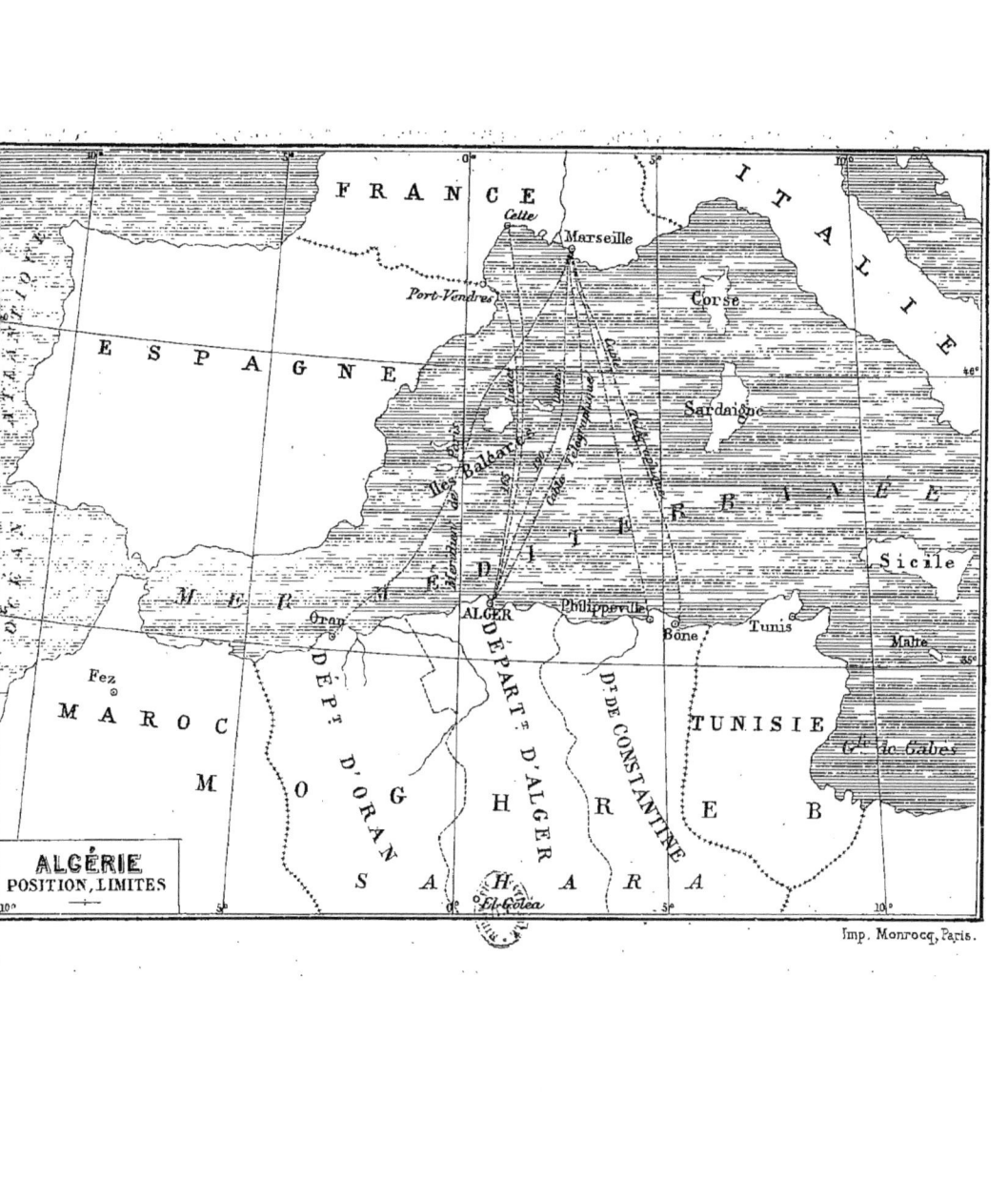

Et cela, non seulement par générosité pure, non par entraînement exclusif de sentiments chevaleresques, mais dans notre intérêt même, dans l'intérêt de la France.

Car il faut que le plus tôt possible cesse un état de choses plein de périls qui nous force à garder en Algérie une attitude guerrière devant une population dont les sentiments hostiles n'ont pas entièrement désarmé, dont les espérances illusoires ne sont pas toutes éteintes.

Nous y parviendrons en donnant aux indigènes la sécurité et en les contraignant à travailler et à s'instruire.

Paul Bert.

Exercices oraux ou écrits

1. Qu'est-ce que l'Algérie ?
2. Où est-elle située et à quoi fait-elle face ?
3. Quelles sont les bornes de l'Algérie ?
4. Quelle région forment l'Algérie, la Tunisie et le Maroc ?
5. Quelle est la superficie de l'Algérie ?
6. Combien de temps la France a-t-elle mis à conquérir l'Algérie ?
7. Combien l'Algérie forme-t-elle aujourd'hui de départements ?
8. Quelle est la distance entre la France et l'Algérie ?

LEÇON II

La côte (caps, baies, îles, presqu'île)

1. La côte algérienne a une longueur d'environ **1 100 kilomètres** en ligne droite et d'environ **1 300 kilomètres** en tenant compte des sinuosités.
2. L'aspect général de cette côte est sévère. Elle est haute, plutôt droite que découpée, beaucoup plus rocheuse que sablonneuse, parfois nue et inhabitée.
3. La côte algérienne compte six baies ou petits golfes. Ce sont, de l'ouest à l'est : la baie d'**Oran**, la baie d'**Arzew**, la baie d'**Alger**, la baie de **Bougie**, la baie de **Stora** ou de **Philippeville**, et la baie de **Bône**. Ces baies renferment des ports parfaitement sûrs.
4. Les principaux caps de l'Algérie sont, de l'ouest à l'est : les caps **Milonia, Figalo, Falcon, Ferrat** et **Ivi**, sur la côte du département d'Oran ; les caps **Ténès, Caxine, Matifou, Djinet**, sur la côte du département d'Alger ; les caps **Carbon, Cavallo, Bou-Garoun** ou **Sebaa Rous** (1), le cap de **Fer**, le cap de **Garde** et le cap **Rosa**, sur la côte du département de Constantine.
5. Il n'existe aucune île réellement importante sur le littoral algérien, mais seulement quelques petites îles ou îlots (île **Rachgoun**, îles **Habibas**, île **Plane**, sur la côte du département d'Oran).

---

(1) **Sept têtes.**

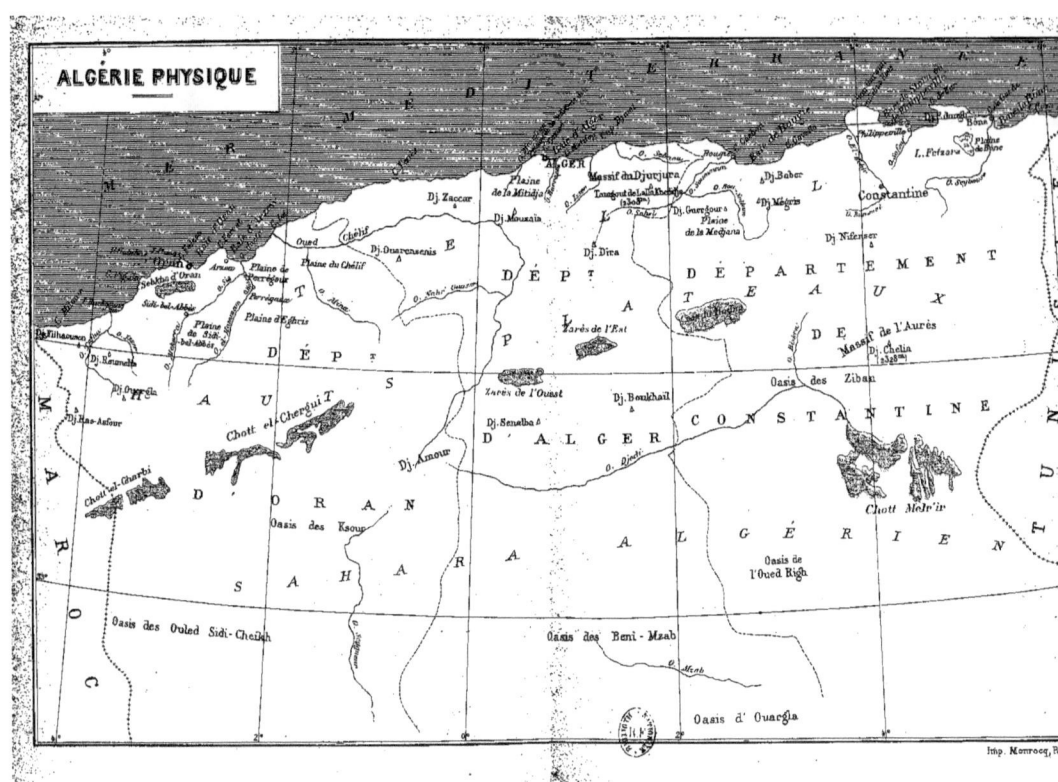

6. Il n'y a qu'une seule petite presqu'île sur la côte algérienne, c'est la presqu'île de **Sidi-Ferruch**, à l'ouest d'Alger.

7. C'est dans la petite baie formée par la presqu'île de Sidi-Ferruch que l'armée française débarqua le *14 juin 1830* pour prendre Alger.

LECTURE

Alger, la capitale de la « France africaine », porte encore son nom arabe d'El-Djezaïr ou « des Ilots », dû à quatre écueils maintenant rattachés à la terre ferme ; mais combien peu la superbe cité ressemble au village qui se fonda au dixième siècle, sur les ruines de l'Icosium des Romains !

Actuellement *Alger est devenue la première ville du continent africain*, non par le nombre des habitants, — puisque à cet égard elle est inférieure aux deux capitales de l'Égypte et probablement aussi à Tunis, — mais par son rôle historique comme foyer de la civilisation européenne. Elle est aussi la première par le charme et la grandeur imposante de l'aspect : après l'avoir vue de la mer, au détour de la pointe Pescade, nul ne peut oublier le tableau merveilleux qu'il a contemplé. Encore au milieu du siècle on pouvait la citer comme le type régulier d'une cité bâtie en amphithéâtre triangulaire sur le flanc d'une montagne, mais elle a grandi et maintenant elle forme un ensemble beaucoup plus vaste et plus complexe de contours. Vers le haut de la colline que couronnent les murailles de la casba se montre encore ce qui reste de la vieille Alger, qui ressemble de loin à une carrière de marbre blanc, aux blocs inégaux et mal taillés. Jadis la cataracte de maisons descendait jusqu'à la mer; de nos jours elle s'arrête à mi-côte, limitée et comme endiguée par les masses régulières de maisons françaises qui se prolongent en façade au-dessus des quais. Au sud du triangle de la ville arabe, une autre ville escalade les pentes ;

niais, entièrement formée de maisons modernes, elle ne se confond pas en un immense éboulis de roches blanches : on en distingue les murs grisâtres et les toits rouges, contrastant partout avec la verdure foncée des jardins.

Elisée Reclus.

Exercices oraux ou écrits

1. Quelle est la longueur de la côte algérienne ?
2. Quel est l'aspect général de cette côte ?
3. Combien la côte algérienne compte-t-elle de baies ou petits golfes ?
4. Quels sont les principaux caps de l'Algérie ?
5. Existe-t-il des îles sur le littoral algérien ?
6. Combien y a-t-il de presqu'îles sur la côte algérienne ?
7. Quel souvenir rappelle le nom de Sidi-Ferruch ?

LEÇON III

Tell, Hauts-Plateaux, Sahara algérien

1. **L'Algérie** est physiquement partagée en trois zones distinctes : le **Tell**, au nord ; les **Hauts-Plateaux**, au centre ; le **Sahara algérien**, au sud.

2. Le **Tell**, baigné par la Méditerranée, a une étendue de **15 millions d'hectares** et offre de vastes et fécondes plaines dont les plus belles sont celles de **Bône** et de la **Medjana**, dans le département de Constantine ; celle de la **Mitidja**, dans le département d'Alger ; celles du **Chélif**, de **Perrégaux**, d'**Eghris** et de **Sidi-bel-Abbès**, dans le département d'Oran.

3. Les principales productions du Tell sont le **blé**, l'**orge**, la **vigne**, l'**oranger**, l'**olivier**, le **mûrier** et le **tabac**. On a pu dire avec raison que le Tell est le grenier et le cellier de l'Algérie.

4. Les **Hauts-Plateaux**, dont l'altitude varie de 1 000 à 1 500 mètres, occupent une superficie de **10 millions d'hectares**.

5. La région des Hauts-Plateaux, dont les cours d'eau peu nombreux et infimes se perdent dans les chotts ou dans les sables (1), est surtout remarquable par ses immenses **pâturages** et par son **alfa**.

---

(1) Cependant le **Chélif** et le **Bou-Sellam** prennent leur source dans les Hauts-Plateaux.

6. Le **Sahara algérien**, où verdissent de riantes **oasis** arrosées par l'eau des sources ou des puits artésiens, a une surface de **42 millions d'hectares**.

7. Les principales oasis du Sahara algérien sont : celles des **Ouled Sidi-Cheikh** et des **Ksour**, dans le département d'Oran ; celles des **Beni-Mzab** et d'**Ouargla**, dans le département d'Alger ; celles des **Ziban** et de l'**Oued Righ**, dans le département de Constantine.

8. La plus importante production du Sahara algérien est le **palmier**. Les principaux animaux qu'on y rencontre sont le **chameau**, la **gazelle** et l'**autruche**.

LECTURE

Un homme qui part de Paris le jeudi peut, le dimanche, voir les dattiers de Biskra, ville du grand désert. Débarquant à Philippeville, cet homme monte à l'orgueilleuse Cirta par un convoi lent, car les pentes sont dures, puis par des pentes moindres à Batna, sur de tristes plateaux qui ne sont point beaux, qui ne le seront jamais : leurs oueds sont taris, leurs lacs sont salés, leurs monts sont chauves ; mais, dès avant Batna, l'Aurès monte dans le ciel, la nature grandit.

Quand on a laissé derrière soi cette ville, on atteint un col de 1 100 mètres par où soufflent les vents du midi qui fatiguent la campagne batnéenne ; puis le train court en grondant vers ce grand, ce vrai sud dont les enfants méprisent souverainement ce qu'ils nomment la brumeuse Alger, ou la nuageuse Oran, ou la pluvieuse Tunis.

Le mortel le plus vulgaire est pris à la gorge par la splendeur du désert, grand comme l'océan.

Quand l'air s'ébranle à Biskra, la vieille oasis, la jeune ville d'hiver, 150 000 palmiers frémissent, et 5 000 oliviers, dont les plus antiques ont, dit-on, livré leur feuille au vent dès le temps des Romains.

Onésime Reclus.

Exercices oraux ou écrits

1. Comment l'Algérie est-elle physiquement partagée ?
2. Quelle étendue a le Tell et quelles sont ses plus belles plaines ?
3. Quelles sont les principales productions du Tell ?
4. Quelles sont l'altitude et la superficie des Hauts-Plateaux ?
5. Par quoi la région des Hauts-Plateaux est-elle surtout remarquable ?
6. Quelle est la surface du Sahara algérien ?
7. Quelles sont les principales oasis du Sahara algérien ?
8. Quelle est la plus importante production du Sahara algérien ?

LEÇON IV

Djèbels

1. Les montagnes de l'Algérie se nomment **djebels**.
2. Ces montagnes appartiennent au système de l'**Atlas**.
3. Elles forment deux grandes chaînes : 1° l'**Atlas tellien**, entre la mer et les Hauts-Plateaux ; 2° l'**Atlas saharien**, entre les Hauts-Plateaux et le désert.
4. Ces deux grandes chaînes sont, à peu de chose près, parallèles au rivage méditerranéen.
5. Les principales montagnes de l'Atlas tellien sont : le **Filhaousen**, le **Roumelia**, le **Ras-Asfour** (1) et l'**Ouergla**, dans le département d'Oran ; l'**Ouarensenis** (2), le **Zaccar**, le **Mouzaïa**, le **Dira**, le massif du **Djurjura**, dans le département d'Alger ; le **Babor**, le **Guergour**, le **Mégris** et l'**Edough**, dans le département de Constantine.
6. La cime la plus élevée de la chaîne tellienne est le *tamgout* ou pic de **Lalla-Khedidja**, dans le Djurjura. Cette cime atteint **2 308 mètres**.
7. Les principales montagnes de l'Atlas saharien sont : le massif de l'**Aurès**, dans le département de Constantine ; le **Boukhaïl**, dans le département d'Alger ; le djebel **Amour**, dans le département d'Oran.
8. Le mont le plus élevé de la chaîne saharienne et de toute l'Algérie appartient au massif de l'Aurès. C'est le **Chelia**, qui dresse à **2 328 mètres** de hauteur sa cime herbeuse.

---

(1) **Tête d'oiseau**.
(2) **Œil du monde**. On écrit aussi **Ouarsenis**.

9. Il y a aussi deux pics sur les Hauts-Plateaux. Ce sont le **Senalba**, dans le département d'Alger, et le **Nifenser**, dans le département de Constantine.

LECTURE

C'est un bonheur pour l'Algérie que cette houle élevée du sol.

Une Algérie basse, plane, en serre chaude, sous le soleil du 30ᵉ au 37ᵉ degré, entre une mer tiède et un brasier, n'aurait pas le pouvoir d'instituer une race virile. Pris entre la chaleur et les fièvres qui sont le funèbre douaire de beaucoup de pays sans pente, les Algériens n'auraient d'autre avenir que celui d'un peuple nonchalant, fait pour jouir du moment qui passe et pour acclamer des maîtres. Ces latitudes-là n'ont jamais créé de nation solide qu'en trois sortes de pays : dans la montagne, dans le désert, au bord d'une mer sans excès de vapeurs tépides.

Or l'Algérie a ces trois sauvegardes : la Méditerranée, dont la brise est fraîche et qui, bien que tiède, ne l'est point dans le sens tropical de ce mot ; le désert le plus sec du monde entier ; et le Tell, escalier de plateaux. A deux pas d'un rivage où le dattier grandit, près des villes qu'embaume l'oranger, des prairies montent jusqu'à la lisière des chênes, des pins et des cèdres hantés par de blancs hivers.

L'Afrique du nord a tous les climats, moins le climat intertropical, seul funeste aux fils de l'Europe tempérée.

Onésime Reclus.

Exercices oraux ou écrits

1. Comment se nomment les montagnes de l'Algérie ?
2. A quel système appartiennent ces montagnes ?
3. Quelles deux grandes chaînes forment-elles ?
4. A quoi ces deux grandes chaînes sont-elles, à peu de chose près, parallèles ?
5. Citez les principales montagnes de l'Atlas tellien ?
6. Quelle est la cime la plus élevée de la chaîne tellienne ?
7. Citez les principales montagnes de l'Atlas saharien ?
8. Quel est le mont le plus élevé de la chaîne saharienne et de toute l'Algérie ?
9. N'y a-t-il pas aussi des pics sur les Hauts-Plateaux ?

LEÇON V

Oueds, chotts et sebkhas

1. Les cours d'eau de l'Algérie s'appellent **oueds**. Les oueds sont de simples torrents, abondants pendant la saison des pluies, mais pour la plupart desséchés en été.

2. Les principaux cours d'eau du département de Constantine sont : la **Seybouse**, le **Safsaf**, l'oued **El-Kébir** (1) et la **Soummam**, formée de l'oued **Sahel** et du **Bou-Sellam**.

3. Les principaux cours d'eau du département d'Alger sont : le **Sebaou**, l'**Isser de l'est**, l'**Harrach** et le **Mazafran**.

4. Les principaux cours d'eau du département d'Oran sont : le **Chélif** (2), qui arrose également le département d'Alger ; la **Macta**, formée de l'**Habra** (3) et du **Sig** (4) ; la **Tafna**, grossie de l'**Isser de l'ouest**.

5. Tous ces cours d'eau, dont le plus long est le **Chélif (175 lieues)**, se jettent dans la mer **Méditerranée**.

6. Parmi les oueds qui vont se perdre dans le **Sahara**, on remarque l'oued **Djedi**, qui arrose les départements d'Alger et de Constantine ; l'oued **Mzab**, qui arrose le département d'Alger, et l'oued **Seggueur**, qui arrose le département d'Oran.

---

(1) **Grande rivière.** Dans la première partie de son cours, il s'appelle le **Rummel**.
(2) Grossi de la **Mina** et du **Nahr Ouassel**.
(3) Dans la première partie de son cours, il s'appelle l'oued **El-Hammam**.
(4) Dans la première partie de son cours, il s'appelle La **Mekerra**.

7. Aucun des oueds de l'Algérie n'est navigable.

8. Les lacs de l'Algérie s'appellent **chotts** et **sebkhas**. Ils se remplissent pendant la saison des pluies, mais la plupart ne forment qu'une mare de boue couverte d'une croûte de sel en été.

9. Les principaux lacs de l'Algérie sont : le chott **El-Gharbi**, sur la frontière du Maroc ; la sebkha d'**Oran** et le chott **El-Chergui**, dans le département d'Oran ; le **Zarès de l'ouest** et le **Zarès de l'est**, dans le département d'Alger ; le lac **Fetzara**, le chott du **Hodna** et le chott **Melr'ir** (1), dans le département de Constantine. C'est dans le chott **Melr'ir** que se jette l'oued **Djedi**, après avoir reçu l'oued **Biskra**.

LECTURE

Nulle part en Algérie vous ne verrez cette régularité de nos beaux fleuves d'Europe, cette plénitude tranquille, cette majestueuse égalité d'allure. En été, cette tranchée énorme au milieu de la plaine, dans le fond de laquelle en se penchant on distingue un mince filet d'eau qui se traîne, c'est une rivière, c'est la Seybouse, ou l'Habra, ou le Chélif ; dans quelques mois, des flots jaunes s'y presseront et déborderont par-dessus les rives. Les eaux pluviales, battant à grandes averses un sol fortement incliné, le ravinent davantage, dénudent sa carcasse rocheuse ; la terre végétale manque pour les absorber et les égoutter ensuite lentement ; d'un élan elles se précipitent dans les plaines qu'elles inondent. Ce que les nuages ont versé est presque aussitôt restitué à la mer. Les crues sont soudaines, mais durent peu.

---

(1) Le niveau du chott **Melr'ir** est, en partie, inférieur à celui de la mer **Méditerranée**.

L'irrégularité des cours d'eau compromet la culture, la vie même du pays. Avec les fortes épaisseurs de terre végétale qui recouvrent les plaines, avec le chaud soleil qui brille toute l'année, *la fécondité est admirable, à condition que l'eau ne manque pas. Partout où l'on peut irriguer, céréales, vignes, plantes industrielles, tout vient à souhait.* Il faut donc arrêter au passage les rivières fugitives et empêcher toute cette richesse liquide d'aller se perdre à la mer.

MAURICE WAHL.

Exercices oraux ou écrits

1. Comment s'appellent les cours d'eau de l'Algérie ?
2. Quels sont les principaux cours d'eau du département de Constantine ?
3. Quels sont les principaux cours d'eau du département d'Alger ?
4. Quels sont les principaux cours d'eau du département d'Oran ?
5. Où se jettent tous ces cours d'eau ?
6. Quels sont les principaux oueds qui vont se perdre dans le Sahara ?
7. Les oueds de l'Algérie sont-ils navigables ?
8. Comment s'appellent les lacs de l'Algérie ?
9. Quels sont les principaux lacs de l'Algérie ?

LEÇON VI

Population

1. La population totale de l'Algérie est de **4 125 000 habitants** (1).

2. Les principales races indigènes sont les **Berbères** ou **Kabyles** (2), les **Arabes** (3) et les **Israélites** ou **Juifs**.

3. Les **Berbères** ou **Kabyles** habitent les montagnes ou les oasis. Ils ont le teint un peu bronzé ; cependant on rencontre parfois le type blond parmi eux. Ils sont **sédentaires**, sobres, actifs et industrieux.

4. Les **Arabes** vivent sous la tente, dans la plaine ou le désert. Ils ont, en général, la taille haute, le nez recourbé, l'œil vif. Ils vont la tête couverte de la chéchia, par-dessus laquelle s'enroule le burnous ou le haïk. Ils sont **nomades**, mènent avec eux leurs troupeaux, aiment la chasse, la guerre, la poésie et dédaignent de cultiver la terre.

5. Les **Israélites** ou **Juifs** ont le nez recourbé et les yeux noirs. Ils apprécient fort les bienfaits de l'instruction. Beaucoup d'entre eux ont renoncé au costume oriental et s'habillent à l'européenne. Ils s'occupent presque exclusivement de banque, de commerce, de courtage et de colportage.

---

(1) Exactement 4 124 732 se décomposant ainsi qu'il suit : Français d'origine ou naturalisés 267 672 ; Israélites naturalisés par le décret du 24 octobre 1870 et leurs descendants 47 459 ; Sujets français (Arabes, Kabyles, Mzabites) 3 559 687 ; Tunisiens 2 731 ; Marocains 14 645 ; Nationalités diverses 215 793 ; Populations comptées à part 16 745.

(2) Anciens habitants du pays.

(3) Conquérants du VIIe siècle. Il y a aussi des **Maures**, population issue du mélange de toutes les races ; des **Turcs**, conquérants du XVIe siècle, et des **Nègres**, anciens esclaves importés du Soudan.

6. Les principales races européennes (1) sont : les **Français**, les **Espagnols**, les **Italiens** et les **Maltais**. Il y a aussi des Allemands, des Suisses, des Grecs, etc.

7. D'après le recensement de 1891, les sujets français (Arabes, Kabyles, Mzabites) sont environ **13 fois plus nombreux** que les Français d'origine ; les Israélites naturalisés par le décret du 24 octobre 1870 et leurs descendants forment à peine **le sixième** de ces mêmes Français, et le nombre des étrangers est **inférieur** à celui de nos nationaux.

8. La République française offre à tous ces peuples de diverse race le régime civil, c'est-à-dire la liberté, mais à une condition, c'est qu'ils sauront et voudront s'en servir dans l'intérêt de la France.

LECTURE

La race kabyle est une race autochtone ; c'est l'ancienne race indigène, la race des habitants primitifs, des premiers possesseurs du sol. Réfugiée dans ses massifs montagneux, elle ne subit qu'incomplètement la domination du vainqueur, et elle garda avec son état social des mœurs et des lois qui lui valurent une sorte d'indépendance.

Le sol tourmenté de la Kabylie, où l'horizon se perd dans un entassement de monts dénudés et ravagés par les torrents, ces pentes abruptes que recouvre une légère couche de terre végétale, ces vallons étroits où serpentent à mi-côte de dangereux sentiers, nourrissent la seule population qui pouvait y vivre, une population sédentaire et agricole, qui utilise pour sa subsistance jusqu'à la plus petite parcelle

---

(1) Les Européens sont en majorité français. Mais il y a beaucoup d'Italiens dans le département de Constantine, et plus d'Espagnols que de Français dans le département d'Oran.

du sol cultivable et pour celle de ses bestiaux jusqu'à la dernière feuille du frêne. Dans sa lutte pour l'existence, cette population déploie les plus solides qualités de ténacité, de précision, de calcul, et ces qualités, qu'elle doit au sol, ont été de tout temps la condition même de sa vie.

Tout autre est l'Arabe. Il a plus de grâce que de force, plus de fougue que de ténacité, plus de vivacité que de profondeur. La mobilité de son imagination le dispose à la rêverie plutôt qu'à la réflexion et au calcul. Il aime l'hyperbole et la pratique sans souci de la précision. Il n'a pas moins de goût pour l'indépendance que le Kabyle, mais il l'entend autrement. L'indépendance pour lui, ce n'est pas seulement la liberté, c'est le mouvement. Il est l'homme du désert, de la vie errante, des horizons infinis, et c'est le désert et ses horizons qui se réfléchissent dans ses qualités intellectuelles et dans ses tendances morales.

COMBES.

Exercices oraux ou écrits

1. Quelle est la population totale de l'Algérie ?
2. Quelles sont les principales races indigènes ?
3. Que savez-vous sur les Berbères ou Kabyles ?
4. Que savez-vous sur les Arabes ?
5. Que savez-vous sur les Israélites ou Juifs ?
6. Quelles sont les principales races européennes ?
7. Comment se répartissent les 4 125 000 habitants de l'Algérie ?
8. Quel régime la République française offre-t-elle à tous ces peuples de diverse race ?

LEÇON VII

Gouvernement et administration

1. Le gouvernement et l'administration de l'Algérie sont centralisés à Alger entre les mains d'un **gouverneur général** civil, assisté d'un **conseil de gouvernement** et d'un **conseil supérieur**.

2. Le **conseil de gouvernement**, formé de hauts fonctionnaires, a des attributions purement administratives. Le **conseil supérieur** examine le budget, l'assiette et la répartition des impôts. Il émet des vœux sur les questions intéressant l'Algérie.

3. Les différents services administratifs de l'Algérie sont **rattachés** aux ministères compétents.

4. Les troupes de terre et de mer sont placées sous les ordres du **général commandant le 19ᵉ corps d'armée**.

5. Les citoyens français de l'Algérie sont représentés au parlement à raison de deux députés et un sénateur par département.

6. L'Algérie est partagée en deux territoires distincts : le **territoire civil** et le **territoire militaire** ou de **commandement**.

7. Dans chaque département, le territoire civil est administré par un **préfet**, sous l'autorité du gouverneur général ; le territoire militaire est administré par un général de division, sous l'autorité du général commandant le 19ᵉ corps d'armée.

8. Le territoire civil de chaque département comprend plusieurs **arrondissements** administrés par des **sous-préfets**.

9. Les arrondissements sont divisés en **communes de plein exercice** et en **communes mixtes**.

10. Les communes de plein exercice sont administrées par un **maire** assisté d'un **conseil municipal** élu ; les indigènes sont représentés dans ce conseil.

11. En territoire civil, des fonctionnaires civils appelés **administrateurs** sont placés à la tête des communes mixtes.

12. En territoire militaire, il n'y a pas de communes de plein exercice, mais seulement des communes mixtes et des communes indigènes ; les unes et les autres sont administrées par des militaires.

LECTURE

Chaque département d'Algérie possède également un conseil général, élu de la même manière que ceux des circonscriptions françaises, et s'occupant aussi de la plupart des affaires relatives aux voies de communication, aux édifices, à l'instruction publique et aux finances des communes ; comme en France, ces conseils se réunissent deux fois par an. *Les conseils généraux délèguent dix-huit de leurs membres, six par département, au conseil supérieur de l'Algérie,* qui comprend en outre les trois préfets, les trois généraux commandant les divisions et les douze membres du conseil spécial qui assistent le gouverneur général. Cette assemblée, ainsi constituée par moitié de fonctionnaires qu'a choisis le gouvernement et de citoyens élus par un suffrage au deuxième degré, se réunit une fois par an pour une session d'une vingtaine de jours. Elle établit le budget et fixe la répartition des impôts. Les dépenses annuelles de l'administration sont évaluées à une quarantaine de millions, auxquels il faut ajouter plus de cinquante millions que coûte l'entretien de l'armée. *Les revenus annuels de l'Algérie compensent à peu près les dépenses administratives ;* ils représentent près de la moitié des dépenses, y compris le budget militaire.

Elisée RECLUS.

Exercices oraux ou écrits

1. Où le gouvernement et l'administration de l'Algérie sont-ils concentrés ?
2. Quelles sont les attributions du conseil de gouvernement et celles du conseil supérieur ?
3. A quoi sont rattachés les différents services administratifs de l'Algérie ?
4. Sous quels ordres sont placées les troupes de terre et de mer ?
5. Les citoyens français de l'Algérie sont-ils représentés au parlement ?
6. En combien de territoires distincts est partagée l'Algérie ?
7. Comment sont administrés ces territoires ?
8. Que comprend le territoire civil de chaque département ?
9. Comment sont divisés les arrondissements ?
10. Comment sont administrées les communes de plein exercice ?
11. En territoire civil, comment s'appellent les fonctionnaires placés à la tête des communes mixtes ?
12. En territoire militaire, y a-t-il des communes de plein exercice ?

LEÇON VIII

Département d'Alger[1]

1. Le département d'Alger a pour chef-lieu **Alger,** capitale de la civilisation franco-africaine, résidence du gouverneur général et du général commandant le 19° corps d'armée **(83 000 habitants).**

2. Alger est le siège d'une préfecture, d'une division militaire et d'une subdivision, d'une cour d'appel, d'une cour d'assises, d'un tribunal de 1re instance, d'une académie et d'un archevêché. Il y a également un institut comprenant les écoles supérieures des lettres, des sciences, de médecine et de droit ; un lycée, une école normale d'instituteurs et une *medersa* ou école supérieure musulmane.

3. En raison de la beauté de son site, de la douceur de son climat et du charme de ses environs, Alger est chaque année le rendez-vous d'un grand nombre d'hiverneurs et de touristes.

4. Les principales villes de l'arrondissement d'Alger sont, outre la capitale : **Mustapha,** qui peut être considéré comme un faubourg d'Alger (24 000 habitants) ; **Boufarik,** autrefois mortelle aux Européens, aujourd'hui très salubre ; **Blida,** renommée par ses orangeries et ses jardins, tribunal de 1re instance, collège (24 000 habitants) ; **Koléa,** ville sainte musulmane située à 5 kilomètres de la mer ;

---

[1] 1 468 000 habitants. 5 arrondissements. 100 communes de plein exercice. 21 communes mixtes civiles. 3 communes mixtes militaires. 5 communes indigènes.

Cherchell (ancienne *Cæsarea*), petit port, ruines romaines ; **Rouiba**, école pratique d'agriculture et de viticulture ; **Palestro**, détruite par les Kabyles en 1871, maintenant ville croissante ; **Aumale**, centre agricole prospère, subdivision militaire.

5. Les autres arrondissements formés par le territoire civil du département d'Alger sont au nombre de 4 : **Médéa, Miliana, Orléansville** et **Tizi-Ouzou**.

6. Les principaux centres de l'arrondissement de Médéa sont : **Médéa**, jolie ville entourée de vignes et d'arbres fruitiers, sous-préfecture, subdivision militaire, collège (16 000 habitants) ; **Boghar**, camp fortifié sur la rive gauche du Chélif ; **Boghari**, marché important sur la rive droite.

7. Les principaux centres de l'arrondissement de Miliana sont : **Miliana**, assise sur une terrasse du Zaccar et bien pourvue d'eau, sous-préfecture, école normale d'institutrices, (7 000 habitants) ; **Affreville**, une des stations les plus commerçantes de la voie ferrée d'Alger à Oran ; **Hammam-Rirha**, eaux thermales, établissement magnifique ; **Duperré**, qui tire son nom de l'amiral commandant la flotte française en 1830 ; **Teniet el-Haad**, à 1 145 mètres d'altitude, forêts de chênes et de cèdres.

8. Les principaux centres de l'arrondissement d'Orléansville sont : **Orléansville**, fondée par Bugeaud en 1843, ville d'avenir, sous-préfecture, subdivision militaire, tribunal de 1re instance (11 000 habitants) ; **Montenotte**, dans le voisinage de mines de fer ; **Ténès**, ville et port près du cap du même nom.

9. Les principaux centres de l'arrondissement de Tizi-Ouzou sont : **Tizi-Ouzou**, dont le mouvement d'affaires

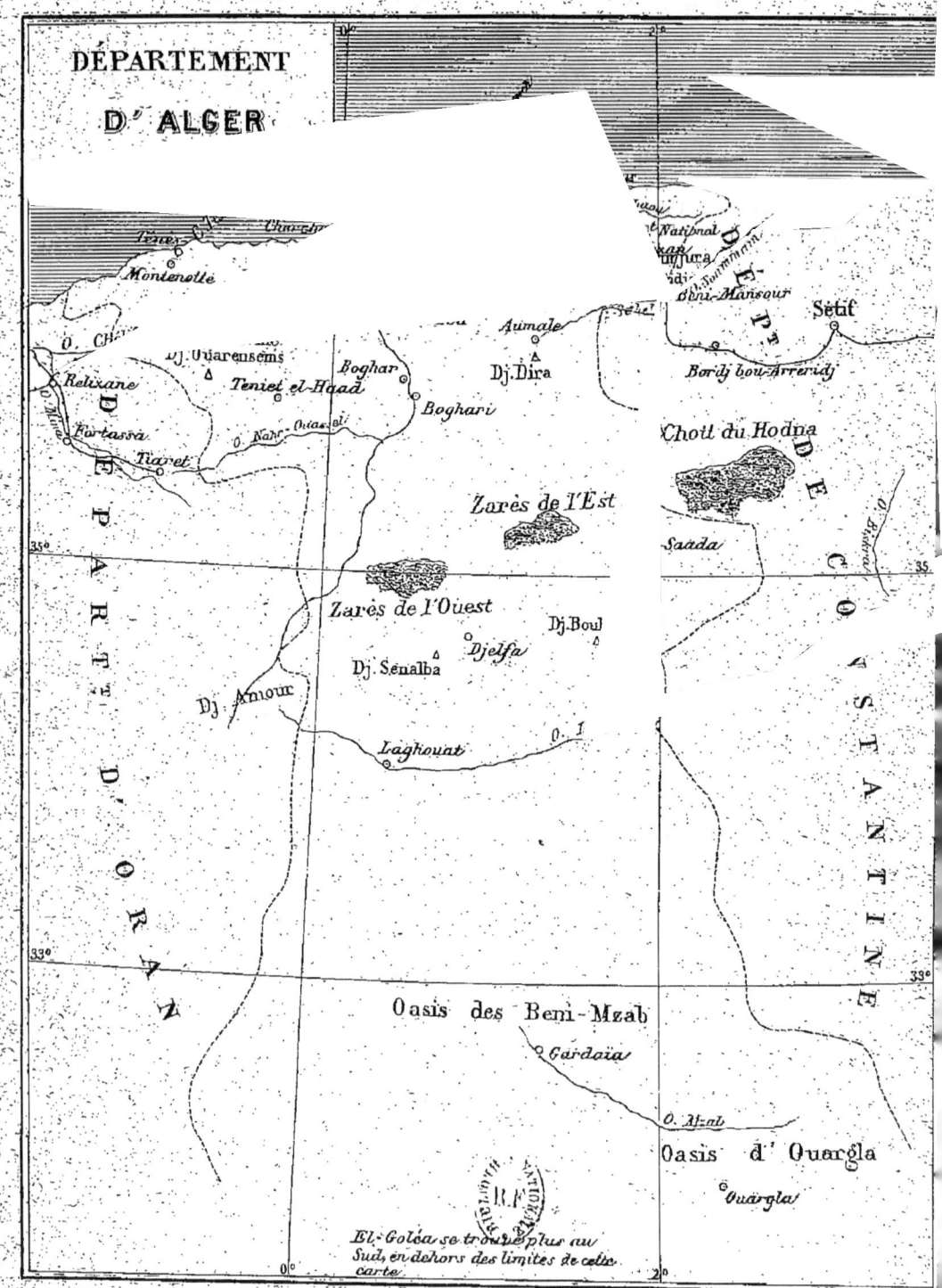

est considérable, sous-préfecture, tribunal de 1re instance (26 000 habitants) ; **Fort-National**, le plus important des établissements militaires de la Kabylie (1) ; **Dra-el-Mizan**, naguère encore place militaire, aujourd'hui centre de colonisation ; **Haussonvillers**, peuplé en grande partie d'Alsaciens ; **Bordj-Menaïel**, village prospère ; **Dellys**, ville maritime, subdivision militaire, école nationale d'apprentissage (13 000 habitants).

10. Les communes mixtes du territoire militaire du département d'Alger sont : **Bou-Saada**, dont le marché permanent étend ses relations du littoral au désert ; **Djelfa**, sur la route d'Alger à Laghouat ; **Laghouat**, qui compte 15 000 palmiers. Les communes indigènes sont : **Boghar**, qui forme également une commune de plein exercice ; **Bou-Saada**, **Djelfa**, **Laghouat**, qui forment également des communes mixtes militaires ; **Gardaïa**, la plus grande et la plus belle des sept oasis formant le **Mzab**.

LECTURE

Quand, il y a un demi-siècle, les premiers colons commencèrent à cultiver la Mitidja, « l'infecte Mitidja, comme l'appelait le général Duvivier, foyer de maladies et de mort, domaine des chacals et des bandits arabes », aujourd'hui l'une des plus heureuses contrées de l'Algérie et du monde, ils travaillaient les pieds dans les marais, sous la menace des fusils des Hadjoutes embusqués. Entre 1835 et 1841, dans le seul village de Boufarik, 36 colons étaient tués à l'ennemi, 38 étaient enlevés et allaient pour la plupart finir dans une horrible

---

(1) On donne le nom de **Kabylie** à la région montagneuse comprise entre Dellys et Collo.

captivité. *En 1842, sur 300 habitants, 92 mouraient des fièvres pernicieuses.* Les survivants, lorsqu'ils avaient réussi à engranger quelques sacs de blé, allaient les vendre à Alger. C'était une véritable expédition. Pas de routes tracées : les chariots, traînés par des bœufs, suivaient de mauvaises pistes. Pas de ponts : à chaque rivière, à chaque ravin, on déchargeait la voiture, qui passait d'abord à vide ; les hommes ensuite transportaient d'une rive à l'autre les sacs de blé, sur leur dos. *De Blida à Alger, le voyage durait quatre jours.* De la sécurité, des travaux d'assainissement et d'aménagement des eaux, des moyens de communication, voilà ce qui faisait défaut dans ces débuts de la colonisation. C'est ce que réclament encore aujourd'hui les colons. Il a été fait beaucoup pour leur donner satisfaction ; il reste beaucoup à faire.

A. Burdeau.

Exercices oraux ou écrits

1. Quel est le chef-lieu du département d'Alger ?
2. De quels principaux services Alger est-il le siège ?
3. De qui Alger est-il chaque année le rendez-vous ?
4. Quelles sont les principales villes de l'arrondissement d'Alger ?
5. Citez les autres arrondissements formés par le territoire civil du département d'Alger.
6. Quels sont les principaux centres de l'arrondissement de Médéa ?
7. Quels sont les principaux centres de l'arrondissement de Miliana ?
8. Quels sont les principaux centres de l'arrondissement d'Orléansville ?
9. Quels sont les principaux centres de l'arrondissement de Tizi-Ouzou ?
10. Quelles sont les communes mixtes et les communes indigènes du territoire militaire du département d'Alger ?

LEÇON IX

Département de Constantine [1]

1. Le département de Constantine a pour chef-lieu **Constantine**, ville commerçante bâtie sur un plateau étroit entouré de trois côtés par le Rummel (**47 000 habitants**), préfecture, division militaire et subdivision, cour d'assises, tribunal de 1re instance, évêché, lycée, école normale d'instituteurs, medersa.

2. Les principales localités de l'arrondissement de Constantine sont, outre le chef-lieu : **Le Hamma,** dans une vallée de verdure ; **Condé-Smendou,** sur l'emplacement d'un ancien poste militaire ; **Le Kroub,** à l'intersection de voies ferrées importantes, grand marché aux bestiaux ; **Oued-Zenati**, gros bourg qui s'agrandit rapidement ; **Tébessa**, cité naissante d'un grand avenir, marché considérable, ruines romaines.

3. Les autres arrondissements formés par le territoire civil du département de Constantine sont au nombre de **6** : **Bône, Philippeville, Bougie, Sétif, Guelma** et **Batna.**

4. Les principales localités de l'arrondissement de Bône sont : **Bône** (2), dont l'initiative hardie rappelle Marseille, un des premiers ports et une des premières villes de l'Algérie (**31 000 habitants**), sous-préfecture, subdivision militaire,

---

(1) 1 715 000 habitants. 7 arrondissements. 71 communes de plein exercice. 34 communes mixtes civiles. 4 communes indigènes.
(2) Près de l'ancienne ville romaine d'**Hippone.**

cour d'assises, tribunal de 1re instance, collège ; **Aïn-Mokra**, centre d'exploitation minière ; **La Calle**, petit port où l'on pêche le corail et la sardine.

5. Les principales localités de l'arrondissement de Philippeville sont : **Philippeville**, port sur la baie du même nom (22 000 habitants), sous-préfecture, tribunal de 1re instance, collège ; **Stora**, autre port à l'ouest du premier et peuplé en grande partie d'Italiens ; **Collo**, petit port environné de belles forêts de chênes-lièges ; **Jemmapes**, entouré de champs, de vignobles et de fermes.

6. Les principales localités de l'arrondissement de Bougie sont : **Bougie**, sur la baie du même nom, près de l'embouchure de la Soummam, jolie ville bâtie en amphithéâtre (12 000 habitants), sous-préfecture, subdivision militaire, tribunal de 1re instance ; **Djidjelli**, autre port à l'est de Bougie ; **El-Kseur** et **Akbou**, deux jolis centres européens dans la vallée de la Soummam.

7. Les principales localités de l'arrondissement de Sétif sont : **Sétif**, assise sur les Hauts-Plateaux dans une région très fertile en céréales, sous-préfecture, subdivision militaire, tribunal de 1re instance, collège, marché aux grains très fréquenté par les indigènes (12 000 habitants) ; **Bordj bou-Arreridj**, position militaire dominant la plaine de la Medjana.

8. Les principales localités de l'arrondissement de Guelma sont : **Guelma**, à 2 kilomètres de la Seybouse, ville d'aspect européen (7 000 habitants), sous-préfecture, tribunal de 1re instance ; **Hammam-Meskhoutin**, sources thermales ; **Souk-Ahras**, près de la frontière tunisienne, au milieu d'un pays boisé, bien arrosé, fertile, salubre.

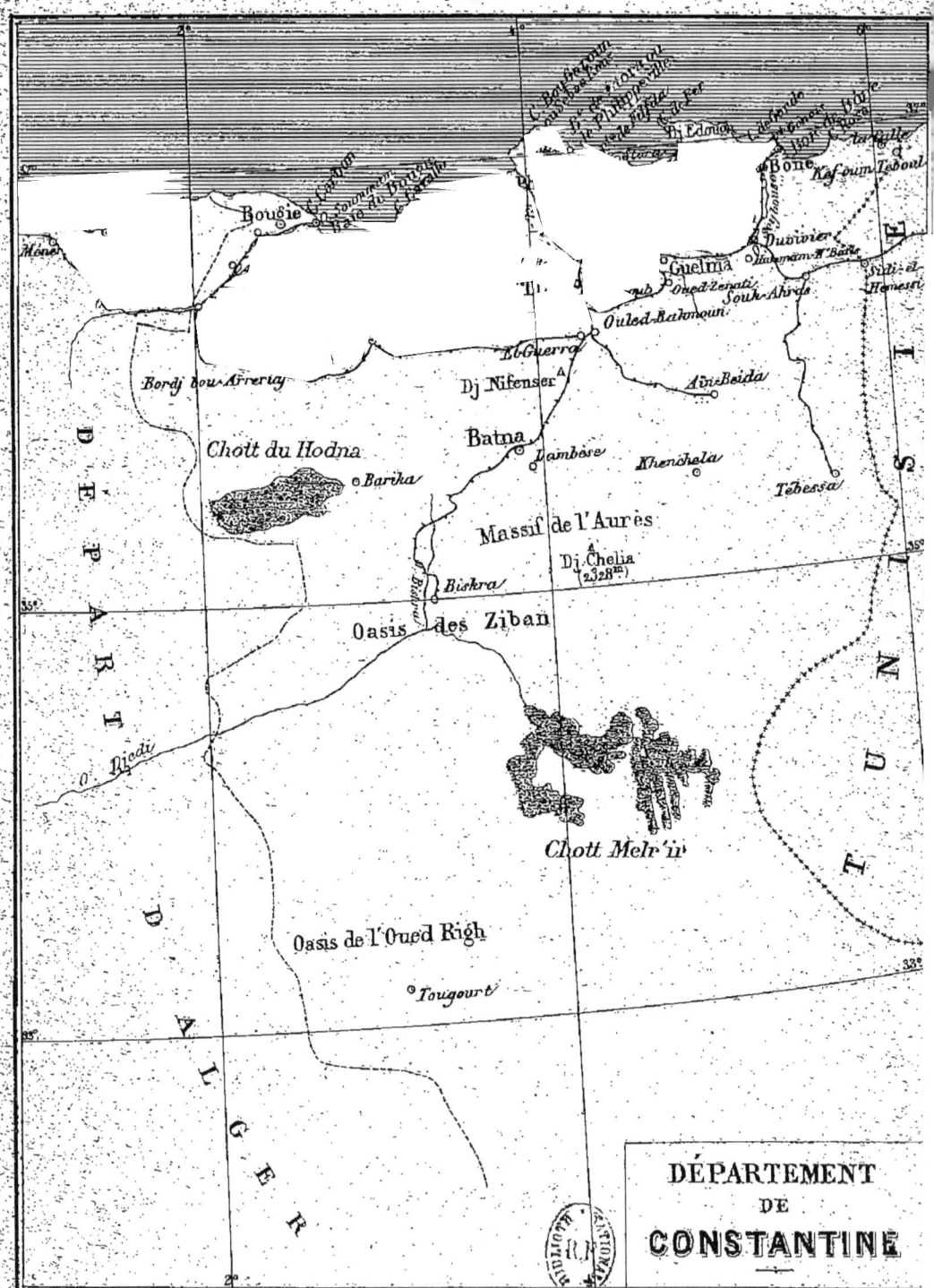

9. Les principales localités de l'arrondissement de Batna sont : **Batna**, d'abord simple camp, aujourd'hui ville prospère dans une plaine riche en forêts et en mines, sous-préfecture, subdivision militaire, tribunal de 1re instance (5 000 habitants) ; **Lambèse**, lieu de déportation politique sous l'empire, ruines romaines, maison de détention ; **Biskra**, la première des cités arabes du sud, très fréquentée par les touristes, végétation splendide.

10. Les communes indigènes du territoire militaire du département de Constantine sont : **Biskra, Tébessa**, qui forment également des communes de plein exercice ; **Barika**, près du chott du Hodna ; **Khenchela**, qui forme également une commune mixte civile, point de convergence de plusieurs vallées fertiles.

LECTURE

Constantine fut jadis, sous le nom de Cirta, la capitale de ces Numides qui luttèrent si désespérément contre les Romains. Bâtie sur un roc à pic, qui a de soixante à deux cents mètres de hauteur, elle est entourée de trois côtés par le Rummel, torrent qui, de cascade en cascade, plonge au fond des abîmes. N'étant accessible qu'à l'ouest, du côté du Koudiat-Aty, *elle est tellement forte, tellement imprenable, que les Tunisiens ont pu dire à ses habitants :*

— *Bénissez vos aïeux, qui ont construit votre ville sur une pareille roche. Les corbeaux fientent sur les gens ; vous, vous fientez sur les corbeaux.*

« La ville est aujourd'hui en pleine prospérité. Masures, ruelles, impasses étroites et fétides ont disparu sur plusieurs points pour faire place à des rues larges, bien aérées et bordées de constructions élégantes ; mais Constantine étouffe faute d'espace. Tous les emplacements ont été utilisés. Des maisons à quatre, cinq et six étages se dressent sur les bords du gouffre ; les fenêtres surplombent parfois les abîmes du Rummel. Une société a commencé en 1886 les travaux de dérasement du Koudiat-Aty, déjà fortement entamé par la pioche et par la mine ; sur l'emplacement de ce mamelon à l'aspect morne, s'élèvera bientôt une ville nouvelle.

« Constantine possède une immense halle au blé, qui est le marché aux grains le plus important de l'Algérie ; de nombreuses minoteries alimentées par le Rummel ; des fabriques d'ouvrages en peau, de tissus de laine ; plus de deux cents tanneries ; des selleries et des cordonneries occupant des rues tout entières. D'autres industries moins importantes se groupent autour de ces grandes industries. *Constantine est une ruche : tout le monde y travaille.* »

V.-A. MALTE-BRUN.

Exercices oraux ou écrits

1. Quel est le chef-lieu du département de Constantine ?
2. Quelles sont les principales localités de l'arrondissement de Constantine ?
3. Citez les autres arrondissements formés par le territoire civil du département de Constantine.
4. Quelles sont les principales localités de l'arrondissement de Bône ?
5. Quelles sont les principales localités de l'arrondissement de Philippeville ?
6. Quelles sont les principales localités de l'arrondissement de Bougie ?
7. Quelles sont les principales localités de l'arrondissement de Sétif ?
8. Qnelles sont les principales localités de l'arrondissement de Guelma ?
9. Quelles sont les principales localités de l'arrondissement de Batna ?
10. Quelles sont les communes indigènes du territoire militaire du département de Constantine ?

LEÇON X

Département d'Oran[1]

1. Le département d'Oran a pour chef-lieu **Oran**, dont l'activité et la croissance rapide font songer aux cités américaines, premier port de commerce de l'Algérie (**75 000 habitants**), préfecture, division militaire et subdivision, cour d'assises, tribunal de 1re instance, évêché, lycée de garçons, collège de jeunes filles, école normale d'institutrices.

2. Les principales localités de l'arrondissement d'Oran sont, outre le chef-lieu : **Mers-el-Kébir**, l'ancien *Portus divinus* des Romains, à 8 kilomètres d'Oran ; **Saint-Cloud**, grand centre vignoble ; **Arzew**, belle rade sur la baie du même nom ; **Saint-Denis-du-Sig**, ville aux belles rues droites ombragées de platanes (10 000 habitants) ; **Sainte-Barbe-du-Tlélat** et **Perrégaux**, à l'intersection de voies ferrées importantes ; **Misserghin**, où se trouve une pépinière remarquable ; **Hammam-bou-Hadjar**, eaux thermales, station balnéaire pour les Européens et les indigènes ; **Aïn-Temouchent**, petite ville qui progresse à vue d'œil, minoteries, ruines romaines ; **Tiaret**, entre le Tell et les Hauts-Plateaux, à 1 083 mètres d'altitude, marché arabe très fréquenté.

3. Les autres arrondissements formés par le territoire civil du département d'Oran sont au nombre de 4 : **Mostaganem, Mascara, Sidi-bel-Abbès** et **Tlemcen**.

---

(1) 942 000 habitants. 5 arrondissements. 78 communes de plein exercice. 18 communes mixtes civiles. 3 communes mixtes militaires. 2 communes indigènes.

4. Les principales localités de l'arrondissement de Mostaganem sont : **Mostaganem**, jolie ville presque tout européenne à 1 kilomètre de la mer (14 000 habitants), sous-préfecture, subdivision militaire, tribunal de 1re instance, collège ; **Mazagran**, célèbre par l'héroïque défense du capitaine Lelièvre en 1840 ; **Relizane**, au milieu de terres irriguées par les eaux de la Mina ; **Mazouna**, petite ville berbère, dans un charmant vallon du Dahra (1).

5. Les principales localités de l'arrondissement de Mascara sont : **Mascara**, ancienne capitale d'Abd-el-Kader, vins renommés, sous-préfecture et subdivision militaire (16 000 habitants) ; **Frenda**, dans le voisinage de vastes forêts de chênes verts, de thuyas et de pins d'Alep ; **Saïda**, au seuil des Hauts-Plateaux, petite ville prospère ; **Aïn-el-Hadjar**, immenses chantiers d'alfa.

6. Les principales localités de l'arrondissement de Sidi-bel-Abbès sont : **Sidi-bel-Abbès**, en 1849 simple redoute, aujourd'hui une des plus fraîches et des plus riches villes agricoles de l'Algérie (20 000 habitants), sous-préfecture ; **Mercier-Lacombe**, remarquable par ses belles eaux et ses grands arbres.

7. Les principales localités de l'arrondissement de Tlemcen sont : **Tlemcen**, toujours charmante, quoique bien déchue de son antique splendeur (30 000 habitants), sous-préfecture, subdivision militaire, tribunal de 1re instance, collège, grand commerce avec le Maroc, belles mosquées, promenades admirables jardins enclos de roses ; **Bou-Médine**,

---

(1) On appelle **Dahra** la région montagneuse située entre le Chélif et la mer, et qui s'étend jusqu'à Miliana, sous-préfecture du département d'Alger.

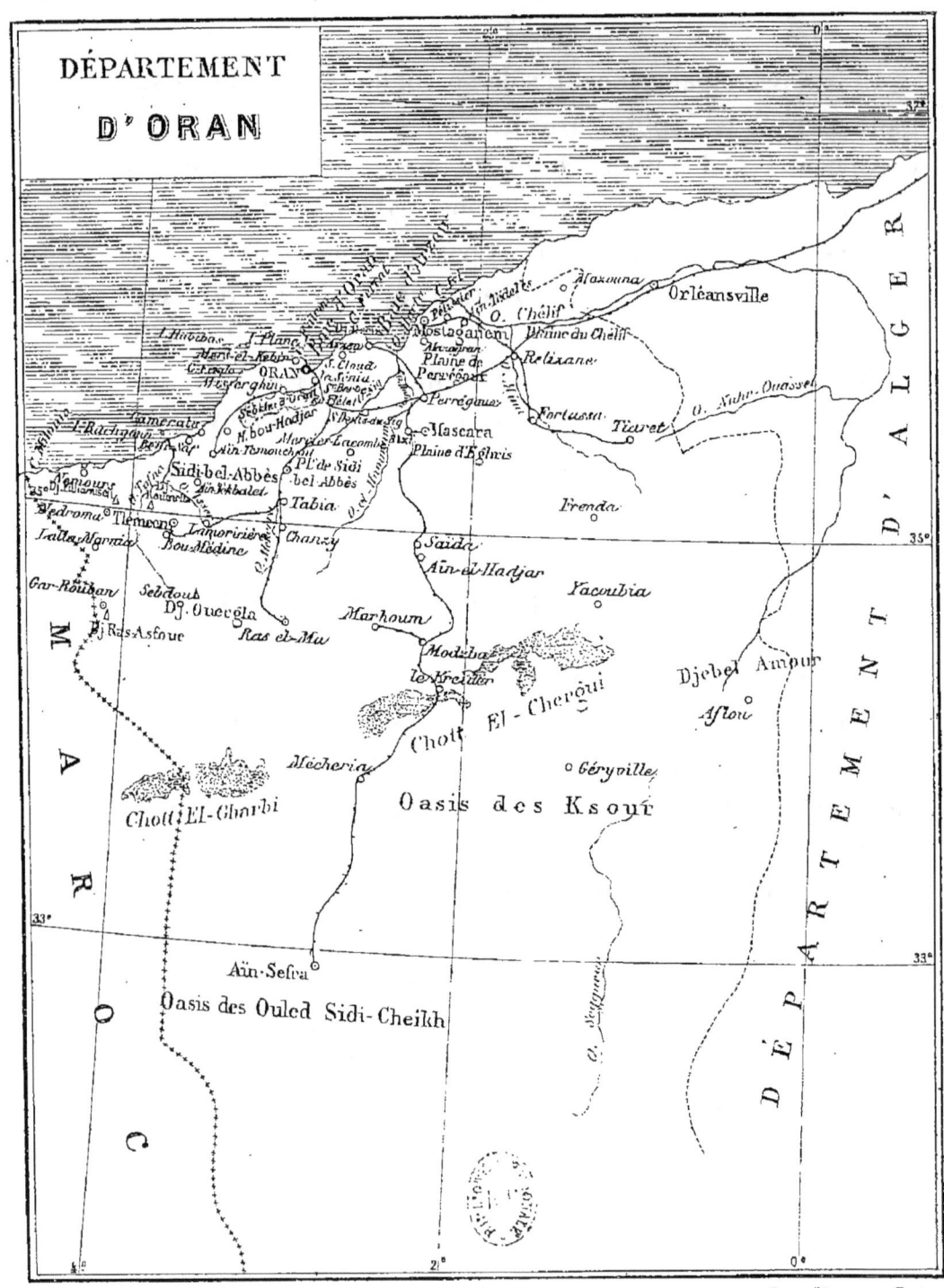

à 2 kilomètres de Tlemcen, site enchanteur, mosquée célèbre ; **Nedroma**, ville arabe très pittoresque ; **Nemours**, dernier port de la côte algérienne avant d'arriver au Maroc ; **Beni-Saf**, petit port, mines de fer ; **Sebdou**, près de la source de la Tafna.

8. Les communes mixtes du territoire militaire du département d'Oran sont : **Lalla-Marnia**, dont le commerce annuel avec le pays voisin s'élève à plus de cinq millions ; **Aïn-Sefra**, oasis à l'entrée du Sahara, point extrême desservi par le chemin de fer ; **Géryville**, centre de la domination française dans le sud oranais. Les communes indigènes sont **Aflou** et **Yacoubia**.

LECTURE

Oran, plus espagnole aujourd'hui que française, et en même temps arabe, juive et nègre, est une place très commerçante et qui grandit à vue d'œil ; elle est pressée dans des ravines, penchée sur des talus, assise sur des plateaux, juchée sur des escarpements dominés par les rochers nus et les pins d'Alep de la naissante forêt de Santa-Cruz.

Un tremblement de terre la culbuta vers la fin du siècle dernier. Commencé par des secousses terribles dans une nuit d'octobre 1790, il se continua pendant plus de quarante jours, jusque vers la fin de novembre. De la ville il fit une ruine, çà et là presque une poussière, et ce fut la mort d'un grand millier d'hommes. Mais ses convulsions n'eurent pas la force de fendre les châteaux puissants bâtis sur les ressauts de la montagne par les Espagnols, alors ses maîtres, et ces beaux *castillos* la surveillent encore.

Du bord de la Méditerranée, Oran monte en amphithéâtre jusqu'au plateau que couvrent ses quartiers du sud.

Avant le tremblement de terre de 1790, il y avait 8 000 à 10 000 habitants, dont 2 200 *presidiarios* ou galériens, dans la *Corte Chica*, la

« Petite Cour », la « Petite Capitale », alors surnom d'Oran, parce que, dit la chronique du temps, on se divertissait à merveille dans cette ville toujours bloquée par l'infidèle et souvent attaquée, mais admirablement défendue par les boulets sortis en sifflant de ses hauts châteaux forts.

Quant à l'Oran de 1831, à peine était-ce un gros village déhanché, nu, croulant, misérable, avec quelque trois mille Oranais, plus de neuf cents ans après la naissance de la ville, fondée en 902.

Onésime Reclus.

Exercices oraux ou écrits

1. Quel est le chef-lieu du département d'Oran ?
2. Quelles sont les principales localités de l'arrondissement d'Oran ?
3. Citez les autres arrondissements formés par le territoire civil du département d'Oran.
4. Quelles sont les principales localités de l'arrondissement de Mostaganem ?
5. Quelles sont les principales localités de l'arrondissement de Mascara ?
6. Quelles sont les principales localités de l'arrondissement de Sidi-bel-Abbès ?
7. Quelles sont les principales localités de l'arrondissement de Tlemcen ?
8. Quelles sont les communes mixtes et les communes indigènes du territoire militaire du département d'Oran ?

LEÇON XI

Chemins de fer

1. On peut classer les chemins de fer de l'Algérie ainsi qu'il suit : 1° les lignes longitudinales ou parallèles à la côte ; 2° les lignes transversales ou de pénétration.

2. Les voies ferrées de l'Algérie comprennent : la **ligne d'Alger à Oran**, avec embranchements de Blida à Médéa et de la Sénia à Aïn-Temouchent ; la **ligne de Sainte-Barbe-du-Tlélat à Tlemcen**, avec embranchement de Tabia à Ras el-Ma ; la **ligne de Mostaganem à Tiaret** ; la **ligne d'Arzew à Aïn-Sefra**, avec embranchements de Tizi à Mascara et de Modzba à Marhoum ; la **ligne d'Alger à Constantine**, avec embranchements de Ménerville à Tizi-Ouzou, de Beni-Mansour à Bougie, d'El-Guerra à Biskra, d'Ouled-Rahmoun à Aïn-Beïda et de Constantine à Philippeville ; la **ligne de Bône à Tunis**, avec embranchements de Bône à Aïn-Mokra, de Duvivier au Kroub et de Souk-Ahras à Tébessa.

3. La ligne d'Alger à Oran (Paris-Lyon-Méditerranée) passe par **Maison-Carrée, Boufarik, Blida, Mouzaïaville, Affreville, Duperré, Orléansville**, dans le département d'Alger ; elle entre ensuite dans le département d'Oran, passe par **Relizane, Perrégaux, Saint-Denis-du-Sig, Sainte-Barbe-du-Tlélat, La Sénia**, et se termine à **Oran**. Des embranchements (Ouest-Algérien) relient Blida à Médéa et La Sénia à Aïn-Temouchent en passant par Misserghin.

4. La ligne de Sainte-Barbe-du-Tlélat à Tlemcen (O.-A.) passe par **Sidi-bel-Abbès, Tabia, Lamoricière**, et se termine à **Tlemcen**. De Tabia un embranchement va jusqu'à Ras el-Ma en passant par Chanzy.

5. La ligne de Mostaganem à Tiaret (Franco-Algérienne) passe par **Pélissier, Aïn-Tédelès, Relizane, Fortassa**, et se termine à **Tiaret**.

6. La ligne d'Arzew à Aïn-Sefra (F.-A.) passe par **Perrégaux, Tizi, Saïda, Aïn-el-Hadjar, Modzba, Le Kreider, Mécheria**, et se termine à **Aïn-Sefra**. Des embranchements relient Tizi à Mascara et Modzba à Marhoum.

7. La ligne d'Alger à Constantine (Est-Algérien) passe par **Maison-Carrée (1), Rouiba, Ménerville, Palestro, Beni-Mansour**, dans le département d'Alger ; elle entre ensuite dans le département de Constantine, passe par **Bordj bou-Arreridj, Sétif, El-Guerra, Ouled-Rahmoun, Le Kroub**, et se termine à **Constantine**. Des embranchements relient Ménerville à Tizi-Ouzou en passant par Bordj-Menaïel et Haussonvillers ; Beni-Mansour à Bougie ; El-Guerra à Biskra en passant par Batna ; Ouled-Rahmoun à Aïn-Beïda ; Constantine à Philippeville (2).

8. La ligne de Bône à Tunis (Bône-Guelma) passe par **Duvivier, Souk-Ahras, Sidi-el-Hemessi**, dans le département de Constantine ; elle entre ensuite en Tunisie et va jusqu'à **Tunis**. Des embranchements relient Bône à Aïn-Mokra (3) ; Duvivier au Kroub en passant par Guelma et Oued-Zenati ; Souk-Ahras à Tébessa.

---

(1) La section d'Alger à Maison-Carrée appartient à la Cⁱᵉ P.-L.-M.
(2) Ce dernier embranchement appartient à la Cⁱᵉ P.-L.-M.
(3) Cet embranchement appartient à la Cⁱᵉ Mokta-el-Hadid.

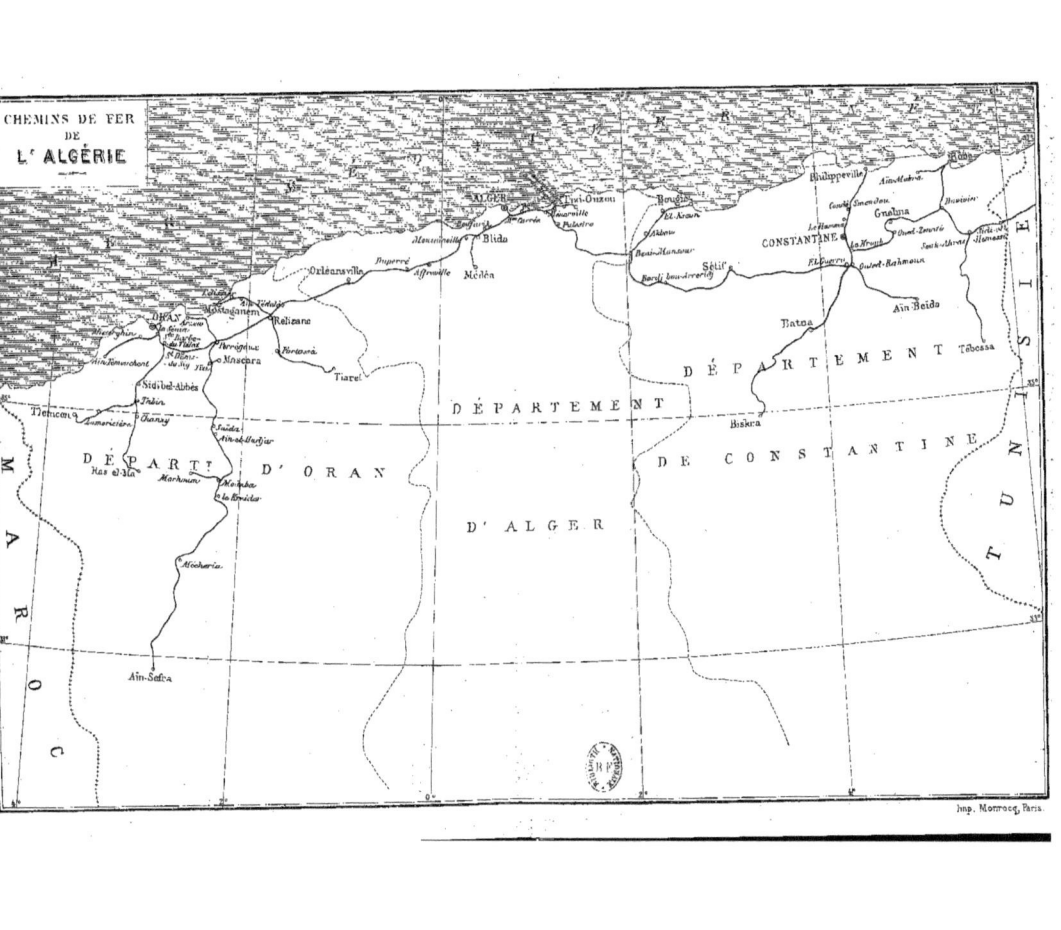

LECTURE

Les Arabes et les Kabyles recherchent avec empressement nos moyens de locomotion : nos bateaux à vapeur le long des côtes, nos diligences où je les ai vus quelquefois entrer par la fenêtre, et, par-dessus tout, nos chemins de fer où ils s'entassent avec volupté. Je doute que nos paysans de Basse-Bretagne, si soigneusement tenus à l'écart du monde moderne, aient accueilli avec autant de bonne humeur le premier train qui a glissé sur les rails de Rennes à Brest. *Il y a là un point de contact entre les indigènes et nous,* dont il faut se réjouir. De toutes manières, rien n'est plus réjouissant, en effet, que de voir ces Arabes, qu'on se figure toujours gravement assis sur le dos des dromadaires, pendre comme des grappes au sommet des diligences, ou bien passer leurs têtes encapuchonnées par les fenêtres des wagons, causant avec animation, promenant de tous côtés leurs regards ardents, exprimant par leur physionomie et leurs gestes, non l'embarras ni la crainte, mais la curiosité et la gaieté. Aucune race n'est plus sensible que la leur au plaisir de la vitesse.

CLAMAGERAN.

Exercices oraux ou écrits

1. Quelles sont les principales lignes que comprennent les voies ferrées de l'Algérie ?
2. Par quels principaux centres passe la ligne d'Alger à Oran et quels embranchements s'y rattachent ?
3. Par quels principaux centres passe la ligne de Sainte-Barbe-du-Tlélat à Tlemcen et quel embranchement s'y rattache ?
4. Par quels principaux centres passe la ligne de Mostaganem à Tiaret ?
5. Par quels principaux centres passe la ligne d'Arzew à Aïn-Sefra et quels embranchements s'y rattachent ?
6. Par quels principaux centres passe la ligne d'Alger à Constantine et quels embranchements s'y rattachent ?
7. Par quels principaux centres passe la ligne de Bône à Tunis et quels embranchements s'y rattachent ?

LEÇON XII

Agriculture

1. Les principales cultures de l'Algérie (Tell et Hauts-Plateaux) sont celles des **céréales**, de la **vigne** et du **tabac**.

2. Les céréales (**blé tendre, blé dur, seigle, orge, avoine, maïs, bechna**) sont cultivées sur une superficie de plus de **2 800 000 hectares**, et leur production en grains dépasse **18 millions et demi de quintaux métriques**.

3. La vigne est cultivée sur une superficie de **103 000 hectares**, et sa production atteint presque **3 millions d'hectolitres**, dont les deux tiers sont achetés par la métropole.

4. Le tabac est cultivé sur une superficie de plus de **6 000 hectares**, et sa production dépasse **2 600 000 kilogrammes**.

5. Les autres productions agricoles ou sylvestres de l'Algérie sont : l'**alfa**, les **forêts**, les **palmeraies**, etc.

6. L'alfa (Hauts-Plateaux) est exploité sur une superficie de **1 500 000 hectares**, et sa production dépasse **105 000 tonnes**, dont plus de 64 000 sont expédiées en Angleterre.

7. L'Algérie compte plus de **3 millions d'hectares** de forêts, dont 2 millions et demi appartiennent à l'État. Les principales essences sont : le **chêne-liège**, qui fournit le liège ; le **chêne-vert**, le **cèdre** et le **tuya**, recherchés

pour la fabrication des meubles ; le **chêne-zéen**, propre à la construction des navires ; le **pin d'Alep**, riche en résine et en gomme ; l'**eucalyptus**, remarquable par sa croissance rapide et ses propriétés d'assainissement.

8. Les **palmeraies** (Sahara) comptent près de **3 millions de palmiers**, et leurs revenus annuels dépassent **60 millions de francs**.

9. Le **palmier-nain**, disséminé dans tout le Tell, est aussi l'objet d'une exploitation considérable pour la fabrication du **crin végétal**.

10. Les arbres fruitiers qui réussissent le mieux dans le Tell sont : l'**olivier**, l'**amandier**, le **figuier**, l'**oranger** et le **mandarinier**.

11. Les principales productions potagères de l'Algérie sont : l'**ail**, l'**artichaut**, le **chou**, l'**asperge**, le **concombre**, la **citrouille**, le **melon**, la **pastèque**, le **potiron**, la **fraise**, la **fève**, le **haricot**, la **laitue**, le **navet**, l'**oignon**, l'**oseille**, le **petit pois**, la **pomme de terre**, etc. L'exploitation des légumes verts sous le nom de **primeurs** s'élève chaque année à **plusieurs centaines de mille francs**.

LECTURE

Si l'Algérie occupe déjà une si belle place dans le monde, bien qu'un dixième à peine de son sol soit exploité, que ne peut-on attendre d'elle quand d'immenses étendues encore en friche seront utilisées ; quand nos deux millions et demi d'hectares de forêts seront en plein rapport ; quand la région des steppes aura été aménagée de manière à pouvoir nourrir trente à quarante millions de moutons ; quand, enfin, les indigènes comprenant la situation faite à l'agriculture par la concurrence universelle, se seront décidés à modifier leurs procédés routiniers de culture et à améliorer leurs races de bétail ?

Alors, la France, qui achète chaque année à l'étranger pour près de deux milliards de matières premières et plus d'un milliard de substances alimentaires, pourra nous demander les vins que lui fournissent l'Espagne et l'Italie ; les moutons que lui envoient l'Allemagne et la Hongrie ; les laines qu'elle tire de l'Australie ; les peaux que lui expédie l'Amérique du sud ; les blés et les maïs qu'elle reçoit des États-Unis, et bien d'autres objets que nous serons en état de produire en abondance.

Il ne tiendra donc qu'à elle de s'affranchir, dans une large mesure, du tribut de près d'un milliard que l'insuffisance de sa production l'oblige de payer à l'étranger.

TIRMAN.

Exercices oraux ou écrits

1. Quelles sont les principales cultures de l'Algérie ?
2. Dites quelles sont la superficie et la production de la culture des céréales.
3. Dites quelles sont la superficie et la production de la culture de la vigne.
4. Dites quelles sont la superficie et la production de la culture du tabac.
5. Dites quelles sont les autres productions agricoles ou sylvestres de l'Algérie.
6. Dites sur quelle superficie est exploité l'alfa et quelle est sa production.
7. Combien l'Algérie compte-t-elle de millions d'hectares de forêts et quelles sont les principales essences de ces forêts ?
8. Combien les palmeraies comptent-elles de millions de palmiers et quels sont leurs revenus annuels ?
9. Dites ce que vous savez sur le palmier-nain.
10. Quels sont les arbres fruitiers qui réussissent le mieux dans le Tell ?
11. Quels sont les principales productions potagères de l'Algérie ?

LEÇON XIII

Industrie et commerce

1. Les principales industries de l'Algérie sont : l'exploitation des marbres, celle des minerais de fer, de cuivre, de plomb, de zinc, etc.

2. Les carrières de marbre les plus importantes sont : les carrières d'**Aïn-Tekbalet**, au sud d'Aïn-Temouchent (magnifiques marbres-onyx translucides) ; les carrières du djebel **Orous**, près d'Arzew ; les carrières du djebel **Chenoua**, près de Cherchell (marbres très abondants et très beaux) ; les carrières de **Filfila**, près de Philippeville (marbres variés parmi lesquels un marbre blanc d'une grande finesse) ; les carrières du **Fort-Génois**, près de Bône ; les carrières de **Bougie**.

3. Les gisements de fer actuellement exploités sont : les mines d'**Aïn-Mokra** (1), à l'ouest de Bône ; les mines de **Beni-Saf** (2) et de **Camerata**, à l'est de la Tafna. Les minerais d'Aïn-Mokra et de Beni-Saf contiennent 62 à 65 % de fer et 2 % de manganèse.

4. Les autres principaux gisements métallifères exploités sont : les mines de **Kef-Oum-Teboul** (cuivre et plomb argentifère), près de La Calle ; les mines d'**Aïn-Barbar** (cuivre et zinc), au cœur même de l'Edough ; les mines de **Hammam-N'Baïls** (zinc et plomb), au sud de Duvivier ;

---

(1) 800 ouvriers en 1890.
(2) En 1890, les mines de Beni-Saf ont produit plus de 344 000 tonnes et occupé 1500 ouvriers.

les mines de **Sakamody** et de **Guerrouma** (zinc et plomb), entre Blida et Palestro ; les mines de **Gar-Rouban** (plomb), près de la frontière du Maroc.

5. En dehors des carrières et des mines, les autres principales industries de l'Algérie sont : l'exploitation des salines, les minoteries, les tanneries, les salaisons de poissons ; la fabrication des tapis et tissus indigènes, des tabacs, des essences odoriférantes, du crin végétal, des bouchons de liège, etc.

6. L'Algérie fait le commerce de gros avec ses **céréales**, ses **vins**, ses **moutons** et son **alfa**.

7. Le commerce extérieur de l'Algérie se fait surtout avec la **France**, l'**Angleterre**, l'**Espagne**, l'**Italie**, la **Tunisie** et le **Maroc**.

8. L'Algérie **importe** du riz, des pommes de terre, du sucre, du café, des fromages, des vins, des eaux-de-vie, des tissus, de la houille, des bois et des fers ouvragés, des peaux préparées et ouvrées, etc.

9. L'Algérie **exporte** des céréales, des vins, des moutons, des bœufs, du tabac, des légumes, des fruits, des conserves alimentaires ; des minerais de fer, de cuivre, de plomb ; de l'alfa, du crin végétal, du liège, des laines, des peaux, des essences odoriférantes, etc.

10. En 1889, les exportations ont, pour la première fois, dépassé les importations (1), de sorte qu'aujourd'hui l'Algérie produit plus qu'elle ne consomme, vend plus qu'elle n'achète.

---

(1) En 1890, les exportations ont aussi été supérieures aux importations.

11. **Marseille, Cette** et **Port-Vendres** sont les villes de France qui communiquent le plus directement et le plus fréquemment avec l'Algérie.

12. Deux câbles relient l'Algérie à la France : l'un est établi de Marseille à Alger ; l'autre, de Marseille à Bône. Un troisième câble reliera bientôt Oran à Marseille.

LECTURE

Lorsque Prévost-Paradol, dans des pages qui, sur bien des points, furent prophétiques, se demandait si nous saurions mettre à profit cette chance suprême, qui nous était présentée par le destin, de multiplier le nombre des Français et de nous maintenir en quantité respectable sur la terre, cette chance qui « s'appelle d'un nom qui devrait être plus populaire en France, l'Algérie », notre colonie alors ne comptait guère plus de 200 000 Européens, dont 110 000 Français, possédant à eux tous six à sept cent mille hectares de terre ; sa production agricole essentielle se chiffrait par 8 à 10 millions de quintaux de céréales et quelques cent mille hectolitres de vin ; son exportation n'atteignait pas 80 millions ; elle avait à peu près 400 kilomètres de chemins de fer. Si Paradol pouvait, aujourd'hui, après vingt-trois ans écoulés, voir l'Algérie telle que l'ont faite les efforts réunis de la métropole et des colons, il y trouverait *une population européenne et française plus que doublée et possédant deux fois plus de terres ; une récolte presque double en céréales, et une récolte trente fois plus considérable en vins ; une exportation presque triplée ;* tous les signes enfin de vigueur et de rapide croissance auxquels, dans l'histoire, on reconnaît les colonies approchant de l'âge adulte, et déjà presque sûres de leur avenir. Peut-être, en face de ces faits, jugerait-il que *les années écoulées et l'argent dépensé n'ont pas été perdus,* et que le jour n'est plus aussi lointain où l'Algérie pourra « peser de notre côté dans l'arrangement des affaires humaines », et contribuer à « maintenir un certain équilibre entre notre puissance et celle des autres grandes nations de la terre. »

A. Burdeau.

Exercices oraux ou écrits

1. Quelles sont les principales industries de l'Algérie ?
2. Citez les carrières de marbre les plus importantes.
3. Citez les gisements de fer actuellement exploités.
4. Quels sont les autres principaux gisements métallifères exploités ?
5. En dehors des carrières et des mines, quelles sont les autres principales industries de l'Algérie ?
6. Avec quoi l'Algérie fait-elle le commerce de gros ?
7. Avec quelles puissances se fait surtout le commerce extérieur de l'Algérie ?
8. Quels sont les principaux objets importés par l'Algérie ?
9. Quels sont les principaux objets exportés par l'Algérie ?
10. En quelle année les exportations ont-elles, pour la première fois, dépassé les importations ?
11. Citez les villes de France qui communiquent le plus directement et le plus fréquemment avec l'Algérie.
12. Combien de câbles relient l'Algérie à la France ?

DICTIONNAIRE

DES

COMMUNES DE L'ALGÉRIE

DÉPARTEMENT D'ALGER

COMMUNES DE PLEIN EXERCICE

Arrondissement d'Alger

Aïn-Taya...........	1666	habitants	El-Affroun........	2889 habitants
Alger..............	82585	—	El-Biar...........	2818 —
Alma..............	3512	—	Fondouk..........	4729 —
Ameur-el-Aïn......	1650	—	Fort-de-l'Eau......	1845 —
Arba..............	7742	—	Fouka............	884 —
Arbatache.........	2817	—	Gouraya..........	3862 —
Attatba...........	1975	—	Guyotville........	1983 —
Aumale...........	5706	—	Hussein-Dey......	3762 —
Baba-Hassen......	530	—	Koléa............	4988 —
Beni-Méred.......	552	—	Kouba............	2381 —
Birkadem.........	3048	—	Mahelma.........	1220 —
Birmandreïs.......	1421	—	Maison-Blanche...	927 —
Bir-Rabalou.......	7100	—	Maison-Carrée.....	5184 —
Birtouta..........	2002	—	Marengo..........	4267 —
Blad-Guitoun......	3831	—	Ménerville........	7536 —
Blida.............	23686	—	Meurad...........	3471 —
Boufarik..........	8064	—	Mouzaïaville......	3776 —
Bouinan..........	3210	—	Mustapha.........	24349 —
Bouira............	7280	—	Oued-el-Alleug....	2919 —
Bourkika..........	933	—	Ouled-Fayet......	628 —
Bouzaréa.........	1834	—	Palestro..........	3233 —
Castiglione........	2481	—	Reghaïa..........	1410 —
Chebli............	2518	—	Rivet.............	4408 —
Chéragas.........	2538	—	Rouiba...........	2756 —
Cherchell.........	8786	—	Rovigo...........	6921 —
Chiffa (La)........	3259	—	Saint-Eugène.....	3534 —
Courbet...........	2487	—	St-Pierre-St-Paul...	5283 —
Crescia...........	1049	—	Sidi-Moussa......	2029 —
Dely-Ibrahim......	1047	—	Souma...........	3903 —
Douéra...........	4159	—	Staouéli..........	1523 —
Draria............	1251	—	Tipaza...........	2049 —
El-Achour.........	399	—		

Arrondissement de Médéa

Berrouaghia......	2548 habitants		Damiette..........	3470 habitants
Boghar...........	2392 —		Lodi..............	3429 —
Boghari..........	2873 —		Médéa............	15563 —

Arrondissement de Miliana

Affreville.........	3808 habitants		Littré.............	1548 habitants
Aïn-Sultan........	3282 —		Miliana...........	7406 —
Bou-Medfa........	1167 —		Rouina...........	1965 —
Carnot...........	4076 —		St-Cyprien-des-Attafs	2007 —
Duperré..........	3188 —		Teniet el-Haad.....	3839 —
Kerba............	2606 —		Vesoul-Benian.....	676 —
Lavarande........	1084 —			

Arrondissement d'Orléansville

Cavaignac........	2268 habitants		Orléansville.......	11132 habitants
Charon...........	4401 —		Oued-Fodda.......	5114 —
Montenotte.......	3499 —		Ténès............	4937 —

Arrondissement de Tizi-Ouzou (1)

Bois-Sacré........	7408 habitants		Isserville..........	7200 habitants
Bordj-Menaïel.....	14432 —		Mekla............	7500 —
Dellys............	13104 —		Mirabeau.........	5612 —
Dra-el-Mizan.....	4185 —		Rébeval..........	4711 —
Fort-National.....	9434 —		Tizi-Ouzou........	26007 —
Haussonvillers....	13577 —		Tizi-Renif........	4384 —

COMMUNES MIXTES CIVILES

Arrondissement d'Alger

Aïn-Bessem.......	28890 habitants		Gouraya..........	25486 habitants
Aumale...........	39996 —		Palestro..........	41169 —
Beni-Mansour.....	19548 —		Tablat...........	42080 —

---

(1) Il vient d'être créé une nouvelle commune de plein exercice dans l'arrondissement de Tizi-Ouzou ; cette nouvelle commune s'appelle Camp-du-Maréchal.

Arrondissement de Médéa

Berrouaghia....... 33850 habitants || Boghari.......... 21969 habitants

Arrondissement de Miliana

Braz (Les)........ 27859 habitants || Hammam-Rirha... 19609 habitants
Djendel........... 26459 — || Teniet el-Haad..... 31611 —

Arrondissement d'Orléansville

Chélif............ 51315 habitants || Ténès........... 35307 habitants
Ouarsenis......... 33887 — ||

Arrondissement de Tizi-Ouzou

Azeffoun.......... 39852 habitants || Dra-el-Mizan...... 42041 habitants
Dellys .... 22625 — || Fort-National...... 52804 —
Djurjura.......... 59822 — || Haut-Sebaou...... 41045 —

COMMUNES MIXTES MILITAIRES

Bou-Saada........ 5453 habitants || Laghouat......... 4009 habitants
Djelfa............ 1078 — ||

COMMUNES INDIGÈNES

Boghar........... 32250 habitants || Gardaïa.......... 38977 habitants
Bou-Saada........ 45292 — || Laghouat......... 14406 —
Djelfa............ 51012 —

DÉPARTEMENT DE CONSTANTINE

COMMUNES DE PLEIN EXERCICE

Arrondissement de Constantine

Aïn-Abid	3394 habitants	Le Kroub	9340 habitants
Aïn-Beïda	4059 —	Mila	7167 —
Aïn-Kerma	4270 —	Oued-Atmenia	6358 —
Aïn-Smara	2751 —	Oued-Seguin	2676 —
Aïn-Tinn	4285 —	Oued-Zenati	15055 —
Bizot	8844 —	Ouled-Rahmoun	4550 —
Condé-Smendou	12326 —	Rouffach	3697 —
Constantine	46581 —	Sidi-Merouane	3618 —
Grarem	6339 —	Tébessa	4340 —
Guettar-el-Aïch	2229 —	Zéraïa	3823 —
Le Hamma	5064 —		

Arrondissement de Bône

Aïn-Mokra	2634 habitants	La Calle	5835 habitants
Barral	1159 —	Mondovi	2275 —
Bône	30806 —	Morris	2406 —
Bugeaud	782 —	Nechmeya	2850 —
Duvivier	1790 —	Penthièvre	1789 —
Duzerville	3932 —	Randon	4789 —
Herbillon	2104 —		

Arrondissement de Philippeville

Collo	2699 habitants	Jemmapes	3027 habitants
El-Arrouch	4329 —	Philippeville	21962 —
El-Kantour	2997 —	Robertville	5394 —
Gastonville	3176 —	St-Charles	2356 —
Gastu	1764 —	Stora	2809 —

Arrondissement de Bougie

Akbou............	1302 habitants	El-Kseur..........	993 habitants
Bougie............	12381 —	Oued-Amizour.....	1936 —
Djidjelli...........	5843 —	Strasbourg........	1781 —
Duquesne..........	3154 —		

Arrondissement de Sétif

Aïn-Abessa........	5427 habitants	Bouhira...........	3258 habitants
Aïn-Roua.........	2847 —	El-Ouricia.........	3124 —
Aïn-Tagrout.......	4124 —	St-Arnaud.........	4618 —
Bordj-bou-Arreridj.	6767 —	Sétif..............	12131 —

Arrondissement de Guelma

Clauzel	2835 habitants	Kellermann........	2156 habitants
Enchir-Saïd.......	1462 —	Millesimo.........	3022 —
Guelaat-bou-Sba...	1461 —	Petit..............	3006 —
Guelma...........	6709 —	Souk-Ahras	5365 —
Héliopolis.........	2849 —		

Arrondissement de Batna (1)

Batna.............	5292 habitants	Lambèse...........	1553 habitants
Biskra	7166 —		

COMMUNES MIXTES CIVILES

Arrondissement de Constantine

Aïn-Mlila	49659 habitants	Meskiana	17697 habitants
Châteaudun-du-Rummel.............	29636 —	Morsott...........	15690 —
		Oum-el-Bouaghi...	24715 —
El-Milia	48810 —	Sedrata...........	22764 —
Fedj-M'Zala.......	70662 —		

---

(1) Il vient d'être créé une nouvelle commune de plein exercice dans l'arrondissement de Batna; cette nouvelle commune s'appelle **Aïn-el-Ksar**.

Arrondissement de Bône

Beni-Salah........ 17710 habitants || La Calle.......... 18983 habitants
Edough........... 16655 —

Arrondissement de Philippeville

Attia............. 20842 habitants || Jemmapes........ 27340 habitants
Collo............. 25612 —

Arrondissement de Bougie

Akbou............ 61165 habitants || Soummam........ 90996 habitants
Amoucha......... 36096 — || Taher............ 33694 —
Guergour......... 67916 — || Talbabort......... 34940 —
Oued-Marsa...... 23943 —

Arrondissement de Sétif

Bibans............ 42469 habitants || Msila............ 29489 habitants
Eulmas........... 39529 — || Rirha............ 34311 —
Maadid.......... 29646 —

Arrondissement de Guelma

Oued-Cherf....... 26932 habitants || Souk-Ahras...... 33172 habitants
Séfia .... 37196 —

Arrondissement de Batna

Aïn-el-Ksar ...... 30457 habitants || Khenchela........ 17226 habitants
Aïn-Touta........ 23441 — || Ouled-Soltan..... 33427 —
Aurès............ 24058 —

COMMUNES INDIGÈNES

Barika........... 20871 habitants || Khenchela........ 19104 habitants
Biskra........... 103766 — || Tébessa.......... 26934 —

DÉPARTEMENT D'ORAN

COMMUNES DE PLEIN EXERCICE

Arrondissement d'Oran (1)

Aïn-el-Arba	1407 habitants	Mangin	1357 habitants
Aïn-el-Turk	746 —	Mers-el-Kebir	2956 —
Aïn-Kial	3371 —	Misserghin	4456 —
Aïn-Temouchent	5038 —	Mocta-Douz	1819 —
Arcole	797 —	Oran	74510 —
Arzew	5607 —	Oued-Imbert	3249 —
Assi-Ameur	238 —	Perrégaux	5883 —
Assi-ben-Okba	637 —	Rio-Salado	3792 —
Assi-bou-Nif	502 —	Ste-Barbe-du-Tlélat	3973 —
Bou-Henni	1999 —	St-Cloud	3994 —
Bou-Sfer	3336 —	St-Denis-du-Sig	10344 —
Bou-Tlélis	3379 —	St-Leu	4807 —
Chabat-el-Leham	1249 —	St-Louis	1778 —
Er-Rahel	1828 —	Sénia (La)	1623 —
Fleurus	1262 —	Sidi-Chami	1189 —
Hammam-bou-Hadjar	3765 —	Tafaraoui	5787 —
Kléber	624 —	Tamzoura	4150 —
Legrand	843 —	Tiaret	4026 —
Lourmel	4105 —	Valmy	795 —

Arrondissement de Mostaganem

Aboukir	1917 habitants	Mazagran	1638 habitants
Belle-Côte	1212 —	Mostaganem	14374 —
Aïn-Sidi-Chérif	1336 —	Noisy-les-Bains	1249 —
Aïn-Tédelès	2405 —	Pélissier	2037 —
Bellevue	2550 —	Pont-du-Chélif	3293 —
Blad-Touaria	2355 —	Relizane	7019 —
Bosquet	2359 —	Rivoli	1789 —
Bouguirat	697 —	Saint-Aimé	1120 —
Hillil (L')	2644 —	Stidia (La)	1758 —
Inkermann	4237 —	Tounin	1820 —

(1) Il vient d'être créé une nouvelle commune de plein exercice dans l'arrondissement d'Oran ; cette nouvelle commune s'appelle **El-Ançor**.

Arrondissement de Mascara

Aïn-el-Hadjar	976 habitants	Palikao	921 habitants
Dublineau	1294 —	Saïda	4542 —
Mascara	16482 —		

Arrondissement de Sidi-bel-Abbès (1)

Aïn-el-Trid	1945 habitants	Sidi-Lhassen	1136 habitants
Chanzy	1824 —	Tenira	1857 —
Mercier-Lacombe	2791 —	Tessala	2099 —
Sidi-bel-Abbès	20191 —	Trembles (Les)	2800 —
Sidi-Brahim	668 —		

Arrondissement de Tlemcen

Beni-Saf	5768 habitants	Nemours	2828 habitants
Hennaya	1800 —	Pont-de-l'Isser	3226 —
Lamoricière	1771 —	Tlemcen	29544 —

COMMUNES MIXTES CIVILES

Arrondissement d'Oran

Aïn-Temouchent	20154 habitants	Saint-Lucien	24137 habitants

Arrondissement de Mostaganem

Ammi-Moussa	55426 habitants	Renault	26908 habitants
Cassaigne	26028 —	Tiaret	20584 —
Hillil (L')	47536 —	Zemmora	36919 —

Arrondissement de Mascara

Cacherou	27978 habitants	Mascara	43279 habitants
Frenda	19333 —	Saïda	19567 —

---

(1) Il vient d'être créé une nouvelle commune de plein exercice dans l'arrondissement de Sidi-bel-Abbès ; cette nouvelle commune s'appelle **Sidi-Khaled**.

Arrondissement de Sidi-bel-Abbès

Mekerra (La)...... 19967 habitants || Telagh (Le)........ 12671 habitants

Arrondissement de Tlemcen

Aïn-Fezza......... 11430 habitants || Remchi... ...... 23027 habitants
Nedroma......... 26523 — || Sebdou.......... 12493 —

COMMUNES MIXTES MILITAIRES

Aïn-Sefra......... 15224 habitants || Lalla-Marnia...... 26782 habitants
Géryville.......... 30367 —

COMMUNES INDIGÈNES

Aflou.. .... 35165 habitants || Yacoubia .... 17078 habitants

TABLE DES MATIÈRES

		Pages
Dédicace		5
Préface		7
Leçon I.	Position, limites, étendue	9
— II.	La côte (caps, baies, îles, presqu'île)	12
— III.	Tell, Hauts-Plateaux, Sahara algérien	15
— IV.	Djebels	18
— V.	Oueds, chotts et sebkhas	20
— VI.	Population	23
— VII.	Gouvernement et administration	26
— VIII.	Département d'Alger	29
— IX.	Département de Constantine	33
— X.	Département d'Oran	37
— XI.	Chemins de fer	41
— XII.	Agriculture	44
— XIII.	Industrie et commerce	47
Dictionnaire des communes de l'Algérie		51

DU MÊME AUTEUR ET EN VENTE A LA MÊME LIBRAIRIE

La Récitation à l'école primaire, 50 morceaux choisis de prose et de vers à l'usage des *Cours préparatoire et élémentaire* . . . . 0 fr. 25

La Récitation à l'école primaire, 50 morceaux choisis de prose et de vers à l'usage des *Cours moyen et supérieur* . . . . 0 fr. 50

Histoire de l'Algérie racontée aux petits enfants, 1 vol. petit in-18, cartonné . . . . 1 fr. »

Les Étapes d'un petit Algérien, édition classique, 1 vol. in-16, cartonné . . . . 1 fr. 60

Les Étapes d'un petit Algérien, 2ᵉ édition illustrée de 40 gravures, 1 vol. in-8, ouvrage destiné à être donné en prix. Cartonnage léger, or et couleurs. 0 fr. 95
Cartonnage fort, genre maroquin, tranches jaspées. 1 fr. 20
Cartonnage fort, genre maroquin, plats et tranches dorés . . . . 1 fr. 50